Barbara Frischmuth

Löwenmaul und Irisschwert

Gartengeschichten

Mit Fotografien von Herbert Pirker

Aufbau-Verlag

Vorwort

»Seine [des Menschen] Seele hat ein
natürliches Vermögen, sich zu ergehen.

Der heilsame Einfluß, den Wälder
und Berge auf die Menschen ausüben,
kommt größtenteils davon, daß sie für
den Geist unerschöpflich sind.«

Dschuang Dsi, *Südliches Blütenland*

Wer dem Garten verfallen ist, möchte ihn gegenwärtig haben, nicht bloß räumlich, sozusagen vor der Küchentür, sondern auch in seiner Zeitlichkeit. Man möchte sich an seine Blühwunder erinnern und an die Enttäuschungen, wenn etwas nicht geblüht oder sich überhaupt verabschiedet hat. Und wenn einem die Tücken des menschlichen Gedächtnisses über ein Leben hin immer vertrauter werden, entschließt man sich dazu, all das Vergängliche an einem Garten aufzuschreiben, vielleicht auch noch zu fotografieren, mit einem Wort festzuhalten, was war, damit nichts an Erinnerung verkommt, nur weil es dem Gedächtnis vorübergehend entfallen ist.

Solcherlei Aufzeichnungen liegen auch diesem Buch zugrunde. Sie stammen aus mehreren Jahren und wurden zum Teil bereits einzeln veröffentlicht. Vieles von dem, was in ihnen als Wunsch oder Befürchtung, als Glücken oder als Mißerfolg beschrieben wurde, hat sich inzwischen erfüllt oder auch nicht, ließ sich wiederholen oder wurde mit Absicht vergessen.

So hat sich der Teich, den ich ursprünglich nur als Wasserloch sehen wollte, zu einem Lieblingsplatz gemausert. Bequeme Gartenstühle und ein kleines Tischchen machen ihn zu einem Ort, an dem sich lesen und gelegentlich auch schreiben läßt. Obgleich allein der Anblick der Blutbuchenhecke in seinem Hintergrund, gegen die sich das Altrosa von *Primula beesiana* abhebt, zum Aufschauen einlädt.

Sieht man genauer hin, setzt sich die Farbe der Hecke aus Grün, Terrakottarot und Schwarzbraun zusammen. Mehrere panaschierte Schwertlilien blühen im Wasser, wenn auch gelb und nicht blau, wie ich sie bestellt hatte, mit zart-

Seite 2:
Frühlingswiese mit
Schneeballbusch
und Sarstein

Linke Seite:
Wasserloch mit
Miniseerose
›Fabiola‹, Sumpf-
schwertlilie und
Blumenbinse

brauner Äderung, und ich habe mich damit abgefunden. Leuchten doch ihre Blüten und die gelbgrün gestreiften Blätter wie gesponnenes Gold in der Sonne.

Ich wollte keinerlei Tiere in den Teich setzen, sondern darauf warten, was von selber käme. Das Warten hat sich gelohnt, schwarze Kaulquappen nuckeln im seichten Wasser an den Algen der weißen Ufersteine, ein Bergmolch ist zugezogen, dessen orangefarbener Bauch manchmal aufblitzt, wenn er zur Wasseroberfläche hochtaucht, und Libellen haben am Ufer ihre Puppenhaut liegengelassen, während die Wasserläufer an den Seerosenblättern vorbeiflitzen, als wären sie in ständigem Wettlauf miteinander.

Verschiedene Wiesenirisse blühen am Teichrand, in den Fugen des Teichsteingartens haben es sich Alpine bequem gemacht, der große schokoladenfarbene Wasserdost in der dunkleren Ecke ist zu meiner großen Freude wiedergekommen, den Schnecken trotzend (wenn auch mit ein wenig Hilfestellung, sprich Ferramol), ebenso die Engelwurz auf der helleren Seite und sogar *Clematis maximowicziana*, die den Vogelrastast umwinden sollte und die im letzten harten Winter vollkommen zurückgefroren war, hat von unten her wieder kräftig ausgetrieben.

Damit bin ich bei den Verlustanzeigen angelangt. Die über Nacht sehr tiefen Temperaturen im November 2001 (bis zu minus 20°) nach einem äußerst milden, ja geradezu heißen Oktober haben eine Reihe von Opfern gefordert, darunter auch jene wunderbare *Clematis montana* ›rubra‹, die nordostseitig die gesamte Hauswand erklommen hatte. Sämtliche Hochstammrosen sind erfroren, zu meinem großen Kummer auch ›Cardinal Hume‹, sowie zwei prachtvolle Hortensien, die ich nicht in den Keller geräumt, sondern gut eingepackt auf der halb offenen Veranda überwintert hatte so wie in den Jahren davor. Auch die riesige Buddleja ist zur Gänze zurückgefroren, und ihr Neuaustrieb sieht noch immer mickrig aus.

Die kleine *Paeonia tenuifolia* hat die Übersiedlung in den Steingarten nicht überlebt, und *Rhodochiton atrosanguineus*, das wunderhübsche Kletterbäumchen, das zwar wider Erwarten noch einmal ausgetrieben hatte, war so spät dran, daß es über ein paar Zentimeter nicht hinauskam.

Die englischen Aurikel hingegen gedeihen gut, in Violett, Zartlila und Gelb, doch muß ich mittlerweile meine Hoffnung nicht mehr in einen äußerst unwahrscheinlichen Zufall setzen, der mir jene Aurikel-Wunder zuspielen sollte, die ich mir erträumte, denn ich habe bei einem Aurikelzüchter in Deutschland sechs dieser filigranen Schönheiten bestellen können: ›Margaret Martin‹, ›Paris‹, ›Argus‹, ›Sirius‹, ›Idmiston‹ und ›White Ensign‹, die bis auf die beiden letzten auch schon überzeugend geblüht haben.

Die seinerzeit im Spätherbst umgesetzten Irisse haben die brutale November-Verpflanzung gut überstanden, doch sind die Anemonen nur zum Teil aufgegangen, und dem weißen Zierlauch hat es nur im ersten Jahr behagt. Ihr Platz wurde aber sofort von verschiedenfarbigen Akeleien und von sehr viel Schlafmohn eingenommen.

Inzwischen gibt es auch ein ganzes Sortiment von Astern in Farben von sanftem Blau über Weiß zu Rosa, Weinrot bis hin zu Kupfer. Und die Tomaten? Die machen sich eher unterschiedlich. Zum Glück versorgt mich die freundliche Leserin jedes Jahr mit frischen Samen von verschiedenen Sorten, doch hängt es sehr vom wettermäßigen Verlauf des Sommers ab, wie sie gedeihen und ob sie wirklich dieses satte Rot annehmen, das den vollen Geschmack anzeigt. Meiner Erfahrung nach reifen die gelben Sorten in diesem Klima besser aus.

Unbedingt zu berichten ist noch vom bisherigen Höhepunkt meines Gärtnerns: *Iris elegantissima* hat Anfang Mai 2002 ganze vier Tage lang geblüht. Es war das Ereignis des Frühjahrs, als sie ihre im Verhältnis zur ganzen Pflanze riesige zweifarbige Blüte mit dem dunklen Onco-Fleck auf den Hängeblättern öffnete.

Allerdings haben sich die beiden anderen kostbaren, die ich vom Botanischen Garten in Wien als Überschußpflanzen ergattern konnte, nämlich *Iris iberica* und *Juno persica*, als gewöhnliche *Iris sibirica*-Sorten entpuppt, die zwar ebenfalls blühten, eine in Weiß, die andere in Blauviolett, aber eben nicht als das, was ich erhofft hatte.

Ist man als Schriftstellerin dem Garten und dem Gärtnern verfallen, kann es wohl gar nicht ausbleiben, daß die Pflanzen auch in die rein literarischen Arbeiten hinüberzuwuchern beginnen, und so beschlossen die Lektorin und ich, zwei davon in diesen Band aufzunehmen: *Nördliches Blütenland*, ein von dem in der Tradition des Taoismus stehenden Werk *Südliches Blütenland* des Dschuang Dsi inspiriertes Prosastück, sowie *Lilys Zustandekommen*, einen Monolog, der im Mai 2002, inszeniert vom *Forum Stadtpark Theater*, an die fünfzehnmal im Botanischen Garten der Stadt Graz aufgeführt worden ist.

Nächste Seite: Dahlien und Kürbisse

I

Was die Literatur

im Garten

verloren hat

Der Garten der Träume

M anchmal schreiben mir gärtnernde Menschen, die davon träumen, daß ein großer Garten sie *finden* möge. Leute mit Gartenerfahrung, die ziemlich genau wissen, was sie wollen, was sie sich in bezug auf Gartenarbeit zumuten und wieviel Zeit sie dafür aufwenden können. Also wird es einem Stück Landschaft, das sich gerne in einen Garten verwandeln möchte, wohl nicht allzu schwerfallen, den willigen Gärtnern ins Auge zu springen.

Ein beneidenswerter Ausgangspunkt, sich einem Garten als Garten seiner Träume zu nähern, den Blick geschärft durch bestimmte Vorlieben und ausgestattet mit einer beruflich trainierten Vorstellungskraft, die vieles, wenn schon nicht auf Anhieb, so doch rechtzeitig erkennt. Wo sich zum Beispiel ein Steingarten am besten in den Hang schmiegt, wie ein Geröllbeet zu verlaufen hat, in welchem Abstand Hecken zu pflanzen sind, um sogenannte *Gartenzimmer* einzurichten, oder an welcher Stelle an einen Teich, einen Springbrunnen gedacht werden kann und wo man den Komposthaufen am besten versteckt.

Wer den Blick dafür hat, dem wird sein zukünftiger Garten jede Menge Hinweise geben, an denen er sich orientieren kann, und wenn ihn Ausdauer – auch materielle –, Kombinationsgabe und Leidenschaft nicht im Stich lassen, wird etwas Wunderbares entstehen, nämlich ein Gartenwesen mit eigenem Charakter. Denn sobald Bodenbeschaffenheit und klimatische Bedingungen mit der Phantasie und Zuwendung von Gärtnern eine Symbiose eingegangen sind, wird trotz aller Planung und Vorausschau auch Unvorhergesehenes zustande kommen.

Die meisten Gärten aber entstehen unter weit weniger idealen Bedingungen. Nach dem Hausbau ist ein Teil des Grundstücks übriggeblieben und soll nun bepflanzt werden. Rasch soll es gehen, man möchte etwas sehen für sein Geld. Und das Ganze bitte so pflegeleicht wie möglich, schließlich hat man auch noch anderes zu tun und zu bezahlen. Kommt doch der Hausbau so gut wie immer teurer als erwartet, trotz aller Kostenvoranschläge.

Ich kenne Leute, die mutig genug waren, sich von Anfang an einzugestehen, daß sie nicht zum Gärtnern taugen, und die aus ihrem Grundstücksrest einen Swimmingpool machten mit ein paar Heckenrosen am Drahtzaun. Eine weise Entscheidung, wenn man nicht gewillt oder in der Lage ist, mit einem Garten zu leben. Insofern ist es ähnlich wie mit Haustieren, nur daß Haustiere

Vorhergehende Seite:

Glöckchenlauch

Linke Seite:

Riesenkönigskerze vor Loser

mauzen, bellen, zwitschern oder fiepen, wenn sie nicht genügend Aufmerksamkeit erhalten. Der Garten leidet stumm, rächt sich jedoch nachhaltiger.

Natürlich gibt es den Charme des Verwilderns, aber der zeigt sich meist nur bei einem bestimmten Lichteinfall, vom Klofenster aus oder kurz bevor der Nebel sich lichtet. In allen übrigen Situationen präsentiert sich ein verwildernder Garten als ein vernachlässigter. Und was Freunde noch als *naturnah* hinnehmen oder zumindest hinzunehmen vorgeben, lastet schwer auf dem Gewissen des Gärtners oder der Gärtnerin, das sich der einstigen Vorhaben und Ansprüche nur zu gut erinnert. Als Warnung am Rande: So bezaubernd *naturnahe* Pflanzungen sein können, ihr Zustandekommen ist – wenn es gelingen soll – in den ersten Jahren besonders aufwendig. Es empfiehlt sich also, seinem Garten in arbeitsamer Umsicht ergeben zu bleiben, damit er einen entsprechend belohnt. Das mag abschreckend klingen, so wie vieles, das Liebhabern zugemutet wird, aber wie das Wort schon sagt, braucht es viel Liebe, um auch haben zu können.

Während ich das schreibe, liegt der Garten noch tief unterm Schnee, meinen Liebesdiensten entzogen, obgleich die Sonne schon wieder über den Sarstein steigt. Und selbst wenn es demnächst Pflanzen geben wird, die zu blühen beginnen, sobald die Schneedecke ein Loch kriegt, weiß ich aus Erfahrung, daß man in dieser Höhenlage vor April nicht wirklich gärtnern kann.

Was keinesfalls bedeutet, daß der Garten völlig ausgeblendet wäre. Wie überhaupt der Winter, so sind auch die Wochen vor seinem Ende eine Zeit, in der Gärten neu geträumt werden. Unruhe erfaßt einen, wenn man sich die Pläne vom Vorjahr ins Gedächtnis ruft, und plötzlich findet man all die Zettel wieder, auf die man die endlosen Listen seiner Wünsche notiert hat.

Bis Anfang November war ich wie der räudige Fuchs vom letzten Sommer ums Haus geschlichen, um, mit dem Blick aufs Gesamte, Stellen aufzuspüren, an denen noch etwas gepflanzt werden konnte, ohne daß es überladen wirkt oder die einzelnen Stauden einander im Weg stehen. Das meiste war zwar schon verblüht, aber das weiche, immer schräger einfallende Licht brachte die Gelb-, Rot- und Brauntöne von Amberbaum, Spitzahorn und Perückenstrauch, das Violett der aufschäumenden Asternblüte und das verblassende Rosa von ›Hero‹ an der Hausmauer dermaßen zum Leuchten, daß sich der ganze Garten geradezu verklärte und selbst seine schwachen Stellen einigermaßen annehmbar wirkten.

Anders im Frühling, wenn der Schnee graubraune, verfilzte Grasflächen und offenen, klumpigen Boden freilegt, geknickte Sträucher und zurückgefrorene Zweige. Da überfällt einen der Wunsch nach Neubepflanzung oder zumindest nach einer attraktiveren Aufteilung. Obwohl man es eigentlich besser weiß, glaubt man da und dort freie Stellen zu entdecken, an denen noch etwas gepflanzt werden kann, das sich ein paar Wochen später regelmäßig als zu dicht gesetzt erweist.

Jahr für Jahr erhebt sich so aufs neue die Frage, ob der bucklige Hang vor dem Haus, der einfach eine Blumenwiese ist, nicht doch zu einer Steinmauer werden soll. Und somit zu einem imponierenden Senkrechtgarten, der, vom Fuße des Hanges aus hochgezogen und nach oben hin mit Erde aufgefüllt, eine ebene Fläche ergäbe, auf der noch ein paar alte Rosen gepflanzt werden könnten. Ganz zu schweigen von den vielen Alpinen, die in den Fugen der Mauer Zuflucht fänden.

Doch wurde noch nie etwas daraus. Nicht bloß aus Kostengründen, sondern weil mich die dafür nötigen Erdebewegungen schreckten und ich um den Bestand der Blutbuchenhecke am Fuße des Abhangs bangte. Auch hat der Garten in puncto Mauer noch nicht wirklich zu mir gesprochen.

Ein paar Wochen später haben sich die Gedanken an eine grundsätzliche Umgestaltung immer von selbst verflüchtigt, nämlich dann, wenn die Wiese zu blühen beginnt, üppig und von Jahr zu Jahr vielfältiger.

Geeiste
Schlüsselblumen

Aber noch ist Winter, und ich bin mir keineswegs sicher, ob ich auch dieses Jahr der Versuchung widerstehen kann. Für die Blumenwiese bliebe an den Rändern immer noch Platz, und wenn ich an all die Pflanzen denke, die es sonnig, trocken und geschützt mögen, ahne ich, mit wieviel an Entscheidungsdrang ich wieder rechnen muß.

So wie man an Menschen, die sich zu Sommeranfang erstmals im Badeanzug zeigen, Hautprobleme und Figurmängel deutlicher wahrnimmt, als wenn sie später, vom Schwimmen gestrafft und von der Sonne gebräunt, auf dem Fünf-Meter-Brett wippen, so wirkt auch der Garten gleich nach der Schneeschmelze in seiner erdfarbenen Nacktheit unansehnlich bis unwirtlich, und alles, was man beim Anlegen nicht gut genug oder schlichtweg falsch gemacht hat, zeigt sich unbarmherzig im zunehmenden Licht. Manche Korrekturen ist man ja schon im Herbst angegangen und wartet nun mit Spannung darauf, ob das Korrigierte die Sache wirklich besser gemacht hat.

Wenn man weniger systematisch als intuitiv vorgeht, ist man seinen Einfällen ausgeliefert, und die hat man bekanntlich nicht immer zur geeignetsten Zeit. Ich erinnere mich noch mit Frösteln an meine letzte Gartengroßtat Mitte November letzten Jahres, kurz bevor es zuschneite. Mir fiel nach all den Jahren plötzlich auf, daß sich das runde Beet vor der Terrasse, eins der frühesten, die ich angelegt hatte, viel zu nahe am Haus befand und durch seinen Mangel an Großzügigkeit geradezu spießig wirkte. Es war durch die mit der Zeit hinzugekommenen anderen Beete räumlich ausgehebelt worden und trutzte nun ein wenig beengt vor sich hin.

Was mich in all den Jahren nicht gestört hatte, wurde mir von einem Tag auf den anderen zum Dorn im Auge, und ich war überzeugt, daß das Beet auf der Stelle aufgelöst gehörte, damit der Boden sich bis zum Frühjahr unterm Schnee schon setzen konnte. Ich bemerkte auch, wie übervoll alles war. Einfach dem Boden gleichmachen ging also nicht. Die Bewohner mußten evakuiert werden, und da sich nirgendwo Platz fand, war um ein weiteres Beet nicht herumzukommen.

Spontane Eingebungen beflügeln, und so fiel mir auch gleich ein, wo das neue Beet hinkommen und wer es graben sollte. Das Wetter hatte sich schon vor Tagen eingetrübt, es begann zu regnen, und als wir die Sache angingen, schneite es bereits. Der Helfer hob einen knietiefen Graben aus, aus dem mehr Steine als Erde zutage kamen, während ich mit klammen Fingern die Pflanzen aus ihrer alten Bleibe holte. Dabei murmelte ich laufend Entschuldigungen – die Temperaturen waren für einen Umzug tatsächlich alles andere als ideal –, die der Helfer gottlob auf sich bezog, was ihn der Sache um einiges gewogener machte.

Genau gesagt, handelte es sich vor allem um Iris-Pflanzen, die übersiedelt werden mußten – meine geliebten Irisse –, aber auch Akeleien, Sedum, Erdbeeren, aus der Tiefe zum Vorschein kommende Tulpenzwiebeln und was im Laufe der Jahre aus anderen Beeten oder aus der Wiese so zugewandert war wie Lein, Walzenwolfsmilch und Lichtnelken, die auszurupfen ich nicht übers Herz gebracht hatte. Jetzt landeten sie bei der Nachbarin, die in ihrem jungen Garten noch jede Menge Platz zur Verfügung hatte.

Der Rest – und er war beachtlich – sollte den Grundstock für die Iris-Bordüre bilden, die mir am Vortag eingefallen war. In den Beeten wurden die Rhizome rasch von anderen Pflanzen überwuchert, daher sollten sie längst schon einen Platz für sich allein und höchstens noch ein paar Zwiebelpflanzen erhalten. Ein paar Packungen mit weißen Anemonen und Zierlauch, die zu den Irissen passen würden, hatte ich noch in Reserve, das heißt, ich hatte sie, wie so vieles schon, gekauft und dann keinen Platz dafür gefunden.

Sehr kleine Zwiebeln mit Gartenhandschuhen zu stecken, ist ein Ding der Unmöglichkeit, und ohne Gartenhandschuhe frieren einem bei solchen Temperaturen einfach die Finger ab. Ich kochte also den berühmten *Lupitscher*, der hierorts als Rum mit Tee zubereitet wird, füllte ihn in eine Thermoskanne und stellte sie zur freien Entnahme auf einen leicht angeschneiten Gartentisch.

Mittlere Bartiris
›Footnote›

Es dauerte, bis die Wärme dieses Getränks sich ihren Weg bis in die Fingerspitzen gebahnt hatte, aber nach einer Weile konnte man die Hände wieder beinahe so bewegen, wie man wollte. Und irgendwann steckten dann all die kleinen Zwiebeln und die geteilten, beschnittenen und in Holzasche gestupsten Iris-Rhizome im wieder aufgefüllten, schmalen Beet. Auch deckte ich die armen Schönen sofort mit Reisig zu, damit sie bis zum Frühjahr vor Frost und anderen Unbilden geschützt blieben. Es war höchste Eisenbahn, wie man in solchen Fällen sagt, obwohl wir hier nicht einmal einen Bahnhof haben, denn der *Lupitscher* war schon wieder am Verdunsten, und die Schneeflocken blieben trotz Erzherzog-Johann-Hut (der breiten Krempe wegen) bereits an den Wimpern kleben.

Seither quält mich zweierlei Verdacht und läßt mich das Frühjahr ungeduldiger als sonst herbeiwünschen. Einerseits könnte es sein, daß die Irisse doch nicht überlebt haben und Opfer meines unbeherrschten Spontangärtnerns geworden sind. Und andererseits peinigt mich der Schatten einer Erinnerung, nämlich daß ich einige der kleinen Zwiebeln in der frostigen Eile falsch gesteckt haben könnte, mit der Spitze nach unten, o Gott. Sollte sich herausstellen, daß das stimmt, ist der *Lupitscher* ein für alle Male von der Liste der Gartenhilfsmittel gestrichen.

Schließlich sollen auch Gartenträume in Ruhe überwintern können.

März, der Sämlingsmonat

Gärtnern ist *improvisieren*«, sagt der Versandhändler, als ich mich telefonisch beschwere, daß sein beheizbares Mini-Treibhaus für das Geld, das es gekostet hat, einfach zu wenig kann. *Improvisieren* ist gut. Wie soll ich meine bisherigen Pflanzenanzuchten auf sämtlichen Fensterbrettern, die genügend Licht bekommen, wohl sonst nennen? Den Mißbrauch von Salatschüsseln und dicken Wörterbüchern als Unterlage, damit die Saatschalen hoch genug stehen, um nicht im Schatten der Fensterrahmen zu verkümmern? Aber wer hat schon genügend Fensterbretter, um den Entwurf eines *open border* (größeres, legeres, naturnahes Beet) mit selbstgezogenen Pflanzen auszuführen? Und überhaupt.

Ich habe zumindest eine Veranda, in der Form von Hosenträgern vorne ans Haus angebaut, im Winter zu kalt und im Sommer zu heiß, südostseitig und mit einfachen Holzfenstern. *A room with a view*, wenn auch selten genutzt, ideal als Treibhaus, allerdings erst nach den großen Frösten, doch selbst jetzt lasse ich nachts manchmal die Arbeitszimmertür offen, damit die Veranda nicht zu sehr auskühlt. Wenn die Märzsonne dann doch einmal scheint, ist sie sofort voller toter Fliegen. Obwohl der Zuflug durch ein Fliegengitter verhindert wird, schaffen sie es immer wieder, durchs Haus heraufzukommen und ihre Eier abzulegen. Die toten Fliegen im März sind sozusagen intern geschlüpfte.

Licht gibt es im Überfluß, reicht doch die Verglasung bis unter den Giebel, und ich bin der Meinung, daß das neue Mini-Treibhaus nun alles von sich aus erledigt. Mitnichten. Da ich vor der letzten, noch größeren Ausgabe zurückgeschreckt bin, nämlich den selbsttätigen Belüftungsmechanismus mitzubestellen, muß ich, sobald die Sonne sich länger als ein Viertelstündchen zeigt, den Deckel abnehmen und die Heizung abdrehen, denn die Innentemperatur klettert flugs auf 40–50°, was zarten Sämlingen auch nicht gerade guttut.

Nachts hingegen solle ich, empfiehlt mir der Versandhändler weiters, eine Decke über das Treibhaus breiten, da die eingebaute kleine Heizung tiefe Temperaturen ohnehin nicht wirklich ausgleichen könne, und unter das Ganze möge ich, damit die Samen es von unten her nicht zu kalt hätten, eine Styroporplatte legen.

Meine bescheidene Frage nach den Werten des Temperaturreglers, die bloß in Fahrenheit angegeben sind, wird damit vom Tisch gewischt, daß man sich

Echinacea
purpurea

darauf – egal ob in Fahrenheit oder Celsius – als Gärtner ohnehin nicht verlassen dürfe, doch wenn es mich beruhige, könne ich ein altes Thermometer auf den Boden des besagten Mini-Treibhauses legen.

Es bleibt mir also nichts anderes übrig, als weiter zu *improvisieren*, denn der März ist nun einmal *der* Aussaatmonat. Lange genug habe ich die verschiedenen Tütchen, Ergebnis mehrerer Beutezüge während winterlicher Lesereisen, betätschelt und besprochen, jetzt wollen die Samen in die Erde. Das Wunder ihrer Keimung steht an, und was sich ihm in den Weg stellt, wird umgangen oder einer anderen Verwendung zugeführt.

Nippes ade und Vasen in den Schrank. Zum Glück haben sogar Toiletten Fensterbretter. Abgeblühte Zyklamen und Azaleen, die es gerne hell, ohne direkte Sonne, haben, kommen ins nicht gerade vornehme Ausweichquartier. Um diese Jahreszeit haben Sämlinge einfach Vorrang.

Ich möchte ja niemanden neidisch machen, aber ich habe noch eines der Tütchen mit Samen des Sonnenhutes ›Grüner Zauberer‹ ergattern können, einer beinah pervers aussehenden Pflanze mit einem dicken, braunschwarzen Kegel in der Mitte und hellgrünen Kelchblättern. Es war das Bild dieser *Rudbeckia*, das mich verführt hat, ich habe sie noch nie *in natura* gesehen. Und Gott sei Dank ist sie auch kein Kaltkeimer, wie in der Pflanzanleitung angedroht (sollte der Samen nicht in 5–21 Tagen keimen, dann ab mit ihm in den Kühlschrank).

Das beheizbare Mini-Treibhaus hat es trotz aller Unzulänglichkeiten möglich gemacht, daß der ›Zauberer‹ in nur 6 Tagen keimt – ich bin begeistert und decke es abends ergebenst und wie einen Vogelkäfig zu. Auch die Karthäusernelken spitzen bereits aus den Torftabletten, ebenso die neue cremefarbene Tagetes mit dem appetitlichen Namen ›Vanilla‹, die rosa *Cleomen* sowie die weißen Königskerzen *Verbascum chaixii*.

Aber auch auf den Fensterbrettern ist das Leben voll im Gang. Eine Leserin hat mir fünferlei Tomatensamen (von ihren über hundert) geschickt und sie mit Tixoband auf das Briefpapier geklebt. Ich dachte, die hätten im Klebstoffrausch längst den Geist aufgegeben, aber siehe da, sie geruhen, in nur fünf Tagen zu keimen.

Unter den fünfen ist eine mit dem Namen ›Siberia‹, in die ich der hiesigen Winter wegen besondere Hoffnung setze. Eine andere heißt ›Pendulina‹, eine gelbe Hängetomate, sogar eine japanische ist darunter, deren Früchte himbeerrosa und auch noch behaart sein sollen.

Schon aus detektivischen Gründen bin ich am Ergebnis interessiert und würde am liebsten in eine Glaskugel für Pflanzenzukunft schauen, um mir ein genaueres Bild zu machen. Aber da Glaskugeln nur mehr in Harry-Potter-Romanen vorkommen, werde ich mich wohl bis zum Sommer gedulden müssen. Sollte dann aus den Tomatensamen auch nur annähernd das geworden sein, was ich mir davon verspreche, werde ich bei Gelegenheit darauf zurückkommen.

Märzenleid – Märzenfreud

N un erwarte ich große Dinge vom März, und oft werde ich enttäuscht«, schreibt die bekannte englische Gärtnerin Margery Fish in ihrem Buch *Blumen für jeden Tag*. Wie wahr!

Wenn ich meine Aufzeichnungen vom März letzten Jahres nachlese, rege ich mich noch im nachhinein darüber auf. Nach dem schneereichsten Februar der letzten zwanzig Jahre nahm die Einfahrt zu unserem Haus sich wie eine Gletscherschlucht aus, und die überhängenden Schneevolten auf dem Dach erinnerten an die geschwungenen Bauten des spanischen Architekten Gaudí.

Am unteren Ende des Gartens steckte die Blutbuchenhecke so tief im hochgefrästen Schnee, daß die Nachbarkatzen ihren Weg über sie nahmen und wie über einen Festlandsockel von einem anderen Kontinent her zuwanderten.

Auch der See war noch zugefroren und blieb es den ganzen März über, während die Nachrichten über Lawinenabgänge mit katastrophalen Auswirkungen das Land in Schrecken versetzten. Sooft der Frühling auch dazu ansetzte, dem Winter endlich den Garaus zu machen, war das Ergebnis neuerlicher Schnee und Frost.

Meine Eintragungen vom kalendermäßigen Frühlingsbeginn lesen sich ungefähr so: *An die 15 cm Neuschnee in der Einfahrt, weiß und patzig. Ein todtrauriger Himmel, der wie zu lange nicht gewaschene Bettwäsche über den Bergen hängt, schlaff, zerknittert und leicht angeschmutzt. Am späteren Vormittag kommt manchmal die Sonne durch, aber der Schnee bröselt weiter. Nur die Vögel zwitschern, als sei das alles nicht wahr. Das milde Licht läßt das Weiß des immer noch zugefrorenen Sees ziemlich stumpf erscheinen. In den Waldpartien füllen sich die Tritte der wenigen Spaziergänger mit Wasser.*

Dennoch, es war März, das heißt, daß ein gärtnernder Mensch damit beginnt, seine Sommerpflanzen vorzuziehen, die Pelargonien und Fuchsien aus dem Keller zu holen und umzutopfen. Ich schleppte also – Schnee hin, Schnee her – meine mit frischer Erde versehenen Pflanzen hinauf ins Licht, verteidigte diese Aktion auch noch gegen sämtliche nachbarlichen Unkenrufe und mogelte dann doch, indem ich bei Frostgefahr nachts den elektrischen Heizkörper auf unterster Stufe laufen ließ.

Und obwohl es immer wieder geradezu hysterisch schneite, genügten die paar Sonnenstunden und -tage, während der Winter den Atem anhielt, um die Schneedecke allmählich absinken zu lassen, deren Oberfläche immer mehr der

Lenzrose

großporigen Beschaffenheit von Elefantenhaut glich. An manchen Stellen platzte sie sogar und gab kraterförmige Frostbeulen im Asphalt frei oder schwarzgrüne Einbrüche auf den Feldern, unter denen aus unterirdischen Quellen Wasser hervorsickerte.

In den Gärten – wir liegen hier immerhin mehr als 750 m hoch – tat sich unter solchen Bedingungen natürlich nichts, aber sobald der Schnee auch nur ein winziges Stückchen Boden freigab, drängten Pflanzen daraus hervor.

Am deutlichsten war das bei Spaziergängen in den umliegenden Wäldern zu beobachten. Während im Schatten die harsche Schneedecke noch von den Spuren der letzten Stürme, von Zweigen, Zapfen und Rindenstücken, bedeckt war und die kleineren Nadelbäume mit den Ästen im betonharten Schnee steckten, der sie beim Schmelzen nach unten zog und gelegentlich auch abriß, so daß die Bäumchen ganz gebückt dastanden, blühten sonnseitig die Schneerosen, wie mit Morgenrot überpudert, ganze Fluchten von Schneerosen, als hätten sie bereits fix und fertig unter der Schneedecke gewartet. Und an den noch sonnigeren Stellen lugten Leberblümchen aus dem Nadelgrund, der schon ganz trocken wirkte. Ein Ruch von Seidelbast erfüllte die Mittagsstunde, und Huflattich und Pestwurz säumten die angetauten Wegränder.

Für ein paar Sonnenstunden war also immer wieder Frühling, so gewaltig Frühling, daß man das allgemeine Sprießen als ein Ziehen im eigenen Körper zu verspüren meinte. Es tropfte von den Dächern, es tropfte von den Bäumen, und es tropfte von den Büschen, und jeder Tropfen schien sogleich von einer Wurzel aufgesogen zu werden, quasi als Treibstoff für ihre Triebe.

Doch bald bedrohten die himmlischen Heerscharen in Wolkengestalt einander wieder und ließen Haare in Form von Schneeflocken, die nach kalter Nacht am nächsten Morgen wie erfroren vor der Haustüre lagen.

Ich erinnere mich noch gut an den Zustand ständiger Empörung über jeden neuen Wintersieg, und da vom Garten kaum noch etwas zu sehen war, sorgte ich mich umso mehr um Sämlinge und Umgetopfte, denen der hartnäckig wiederkehrende Winter viel weniger auszumachen schien als mir, die ich immer beleidigter reagierte.

Die Pelargonien, mittlerweile acht Jahre alt, entfalteten beinahe stündlich winzige neue Blätter, vor allem die nach Zitronen riechende Duftpelargonie, die ich so radikal zurückgeschnitten hatte, daß ich mich vor ihr genierte, tat sich damit hervor. Aber auch das mexikanische Gewürzbasilikum, das ich der Wärme wegen auf dem Wohnzimmerfensterbrett zog, überstand das Pikieren anstandslos und hielt sich nicht an die Voraussage einer Berufsgärtnerin, die gemeint hatte, Basilikum wolle keinen Schnee sehen.

Die Pflanzenkataloge stapelten sich auf dem Küchentisch, Bestellungen wurden aufgegeben, und das Bestellte traf ein. Mein ganzer Sinn war auf den Beginn des neuen Gartenjahrs eingestellt, und ich haderte bereits mit jeder einzelnen Wolkenbank, die noch einmal Schnee verhieß.

In Wien, hörte ich, sei schon Frühling, was immer das bedeuten mochte. Aber daß Wien immer um ein paar Wochen voraus zu sein schien, war ja nichts Neues. Jeden Morgen schaute ich zuerst vom Schlafzimmerfenster aus auf das noch immer von Zaun zu Zaun weiß gefüllte Gärtchen hinunter, auf dem auch noch der Schatten des Hauses lag, und richtete gleich darauf den Blick nach oben, um aus dem himmlischen Kaffeesud endlich die Hoffnung auf einen Wetterumschwung herauslesen zu können.

Auch die Vögel gebärdeten sich immer ungestümer. Die Krähen kreischten mit den Singvögeln um die Wette, während die Katzen nachts die Laute von Mordopfern von sich gaben.

Ein einzelner Spatz machte einen solchen Krach in der Dachrinne, daß ich schon an eine Invasion dachte, und schaukelte dann so ausgelassen auf einer Ranke des Wilden Weins, als wäre er der Herkules unter den Spatzen. Der März bedeutet nun einmal Aufruhr für alle, die sich etwas von ihm erwarten.

In den Töpfen auf der unteren Veranda durchstachen die Tulpen die Reisigabdeckung, und die Schöpfe der Madonnenlilien richteten sich wieder auf, worauf ich das Reisig mit einem gewissen Fatalismus entfernte, als müßten ab nun Schnee und Frost einfach ertragen werden.

Den Garten ließ ich links liegen, denn es würden, wie ich dachte, vorerst ohnehin nur Schneebruch und Frostschäden zum Vorschein kommen.

Während am sonnseitigen Seeufer der Seidel blühte und die Schneerosen schon wieder verblühten, waren die Standorte von meinen *Helleborus niger*- und *orientalis*-Sorten noch nicht einmal auszumachen. Und der Pontische Seidelbast steckte ebenfalls im Schnee fest.

Auf Spaziergängen den Sarstein entlang kamen wir zu riesigen Lawinenabgängen, die wir uns kaum zu überqueren getrauten. Einmal waren junge Fichten und Geröll Hunderte Meter weit ins Tal hinabgerissen worden, ein andermal ein ganzer kleiner Buchenwald, und die Lawinen selbst lagen noch immer in ihrem Strömungsverlauf da wie Flüsse, auf denen die Wellen erstarrt waren, oder als hätte jemand mit einer riesigen Teigspachtel darübergestrichen.

Auch das Wild wurde noch gefüttert aus mehreren Raufen zu beiden Seiten der Forststraße, auf der zentimeterhoch der Rehdung lag. Ich warf einen interessierten Gärtnerblick darauf, doch scheiterte mein Interesse am Transportproblem, da die Forststraße von Privatfahrzeugen nicht befahren werden darf.

Beinah hätte ich vor lauter Winterfrust die ersten Regungen im eigenen Garten übersehen. Die Ränder einiger Beete waren ansatzweise ausgeapert, und die ersten Schneeglöckchen, Krokusse und *Kaufmannia*-Tulpen hatten die Gelegenheit über Nacht genutzt.

Der 26. März schien dann als erster Gartentag in meinem Tagebuch auf. Ich hatte die Rose ›Hero‹ beschnitten und einen Schwarm von *Iris reticulata* bestaunt, der sich hurtig durch die Schneereste im Steingarten gebohrt hatte. Der März hat eben doch etwas mit Frühling zu tun, auch wenn es manchmal ein ziemlich verhaltener ist.

Frühling hin – Frühling her

Die März-Tagebuchnotizen der letzten Jahre lesen sich nun einmal aufgeregter als die der anderen Monate. Da ist vom Gluckern des Schmelzwassers, von austreibenden Stauden und keimenden Sämlingen die Rede, vom Knacken der aufbrechenden Eisdecke des Sees und einer funkelnden Sonne, die ums Haus herum Trockenheit verursacht, von stürmischen Flockentänzen und Windbruch, mit einem Wort: von Frühlingsgefühlen und Winterfrust, die einander beinah täglich ablösen und das Gärtnergemüt nicht zur Ruhe kommen lassen.

Manchmal erwäge ich, dem Märzgetöse durch eine längere Reise zu entkommen, aber auch das ist keine Lösung, denn wer kümmert sich dann um die Ausgesäten, um all die topfbewohnenden Winzlinge, mit denen man die Lust am Experimentieren schürt, und ehrlich gesagt, was beschert schon größere Befriedigung als eine Pflanze, die man in Wirklichkeit noch nie gesehen hat und die zu ziehen einem gelungen ist, die bestens gedeiht und womöglich auch noch eine Schönheit ist? Da schon lieber das Auf und Ab und Hin und Her dieses Frühlingsmonats auf sich nehmen – die meisten Samen werden nun einmal um diese Zeit ausgebracht –, und wer sich von den Ergebnissen der eigenen Kühnheit in der Pflanzenwahl überraschen lassen möchte, muß sich diesen Unbilden eben aussetzen.

Gärtner – das muß einmal gesagt werden – sind nicht nur schrullige und einzelgängerische Sonderlinge, die, weil ihnen sonst niemand zuhört, Selbstgespräche führend, alleine vor sich hinwerkeln, Gärtner haben auch ihre auf Begegnung und freundschaftliche Gesten ausgerichteten Züge. Ihre verbindlichste Seite aber ist die Großzügigkeit, die Freude daran, andere an ihrem Glück teilhaben zu lassen, sei es durch sogenannte unschätzbare Ratschläge oder durch Naturalspenden.

Seit ich mich als *gärtnernde* Schriftstellerin enttarnt habe, bekomme ich Post von gärtnernden Menschen. Briefe, die Fotos von besonders geglücktem Eigenbau enthalten, aber oft genug auch Samen, selbst geerntete oder aus einem kostbaren Samenpäckchen übriggebliebene. Wichtige Erkenntnisse über die jeweilige Pflanze werden mitgeliefert, und ich freue mich jedes Mal wie eine *Schneekönigin*. (In diesem Zusammenhang stört mich das Wort Schnee selbst im März nicht.) So hat per Brief die wunderbare Schlafmohnsorte ›Black Paeony‹ in meine Beete, und natürlich nicht nur in meine, gefunden. Eine

Gärtnerin hatte mir ein Foto von ihrem Garten geschickt, und darauf war ›Black Paeony‹ zu sehen. Der Anblick elektrisierte mich, und ich bat um Samen, den ich auch prompt erhielt.

Eine andere Gärtnerin schickte mir drei wunderbare *Geum rivale*, jene Bachnelkenwurz, die mit ihren rosa geäderten kleinen Blüten, die von einem Hauch von Violett umgeben sind, so viel hermacht, obgleich sie ansonsten eine eher unscheinbare Pflanze ist. Ein pensionierter Berufsgärtner schickte mir Samen für den blau blühenden Himalaya-Scheinmohn ›Meconopsis‹ und Heinrich Harrer, der große Tibetkenner, zwei Pflanzen dieser Art aus seinen eigenen Beständen.

Ich kann gar nicht alle Pflanzen aufzählen, die sozusagen auf dem Postweg – von den bei Versandgärtnereien bestellten einmal abgesehen – hier eingelangt sind.

Mittlerweile bin auch ich schon an diesem unkonventionellen Netzwerk beteiligt und verschicke selbst gelegentlich ein paar Samenkörner, auch wenn ich darin noch nicht so gut bin wie die meisten meiner Gönner.

Wie zu allem, was man mit ganzem Herzen betreibt, gehört auch zum Gärtnern aus Leidenschaft eine Spur Sendungsbewußtsein, das Eintreten für ganz bestimmte Pflanzen, zu deren engagiertem Anwalt man wird und für deren größere Verbreitung man wirbt. So fand ein Gärtner aus Oberösterreich, daß die Essigrose *Rosa gallica complicata* unbedingt in meinen Garten gehöre, und aus dem Rosarium in Baden kamen mit derselben Begründung *Rosa glauca* und *Rosa sweginzowii* ›Macro‹, während Freunde in Graz sich mit einem Ableger der ersten Teehybride ›La France‹ einstellten, die im Topf überwintert hat und die nun demnächst auszupflanzen sein wird. Ich hatte den ganzen Winter über Zeit, mir einen entsprechenden Platz für die rosablühende, duftende Dame aus dem vorigen Jahrhundert zu überlegen. (Und doch habe ich es nicht getan, weil sie mir in dem amphorenhaften Topf so gut gefiel, in dem sie dann auch auf dem Balkon überwinterte. Die tiefen Temperaturen – gelegentlich an die minus 20° – haben ihr im letzten Winter den Garaus gemacht. Zu meiner Schande. Hätte ich sie ausgesetzt, hätte sie bessere Chancen gehabt, den Winter zu überstehen.)

Es ist nur ganz natürlich, daß ich jedes Mal, wenn ich mich mit einer dieser Pflanzen beschäftige, an den Spender oder die Spenderin denke. So entsteht eine eigene Form von Kommunikation, eine gärtnerische eben, eine von Beet zu Beet, auch im übertragenen Sinn. Und selbst in der Nachbarschaft nimmt

Vorhergehende Seiten: Geweihiris und Buschwindröschen im Steingarten das Tauschen von Sämlingen und von Tips, von Überschuß und von Raritäten einen immer wichtigeren Platz ein.

Aber zurück zum Frühling. Ich habe mich seit gar nicht so langer Zeit auf Aurikeln eingelassen, eher zufällig, wie Beziehungen des öfteren anfangen. Diese begann im August vor zwei Jahren. Zwei Töpfe in der hiesigen Gärtnerei, die der Gärtner auch eher zufällig bei einem Händler entdeckt und mit eingekauft hatte, dienten wohl unbeabsichtigt als Köder. Eine Braunrote mit gelbem Schlund und eine gefüllte Blaue, deren zartgelber Innenring kaum zu sehen ist. Sie gefielen mir, und neugierig auf alles, was blüht und gut riecht, nahm ich sie mit. Je länger ich ihnen beim Blühen zuschaute, desto mehr begann ich mich für sie zu interessieren. Ich wurde kühner und teilte sie, nachdem sie abgeblüht waren. Es gelang, und eine Blaue fing im Dezember wieder zu blühen an. Ich verschenkte einige der Ableger, sah dann in *Gardens illustrated* eine Reportage über Aurikeln … und verliebte mich ernsthaft.

Seit ich gesehen habe, was sie können, ich meine, zu welch wunderbaren Erscheinungsformen sie imstande sind, ist es um mich geschehen. Nur, woher nehmen? Hierzulande scheint nicht viel los zu sein mit Aurikeln. Ich setzte meine ganze Hoffnung auf die Chelsea Flower Show. Aber wie der Teufel es haben will, war bei der ganzen wunderbaren Chelsea Flower Show nicht eine Aurikel zu sehen, nicht einmal jemand von der Aurikel-Gesellschaft. Das einzige, was ich fand, war ein kleines Päckchen mit Samen, *Mixed Auriculas*, was immer das bedeuten mag. In einer gewöhnlichen Londoner Gärtnerei erwarb ich dann einen Topf mit ein paar abgeblühten Aurikeln, eine davon gelb, das ließ sich noch feststellen. Ich fühlte mich wie ein Kind, das ein Überraschungsei bekommen hat. Und ich entdeckte das Buch von Brenda Hyatt *Auriculas. Their Care and Cultivation*, in dem alles über Aurikeln steht. Die Fotos der abgebildeten aber brechen einem schier das Herz, weiß man doch, daß die meisten unerreichbar sind und bleiben werden.

Dennoch habe ich die Erde nach den Hyattschen Angaben gemischt, die Aurikeln aus dem mitgebrachten Topf vereinzelt und die Samen aus dem Päckchen ausgesät. Einige davon sind sogar angegangen und überwinterten auf der Veranda. Wie aber werden sie blühen? Und wann? Denn die, die ich im August gekauft hatte, hatten im August und zum Teil im Dezember und Jänner geblüht.

Ein paar der Engländerinnen sehen mittlerweile recht gut aus, es spitzt auch bei einigen so etwas wie eine Blütenknospe hervor. Doch die Spannung bleibt.

Aurikel ›Argus‹

Ich nehme nicht an, daß eine der ausgefallenen Sorten darunter ist, die hätte man gewiß nicht zusammen mit anderen in einen Topf gesetzt. Da ist bei den Samen die Hoffnung schon größer. Doch werde ich mich wohl noch ein, zwei Jahre gedulden müssen.

Was aber, wenn tatsächlich eine jener bemehlten grün-rot-weiß Blühenden mit goldenem Schlund darunter wäre? Oder eine Grün-schwarz-Weiße? Irgendwann werde ich es wissen. Bis dahin installiere ich die vorhandenen auf einem Treppen-Regal, einem sogenannten Aurikel-Theater. Und was bleibt mir anderes übrig, als mich für die nächsten Jahre in Geduld zu fassen.

Der Tulpenmonat

Der April ist tatsächlich der unberechenbarste Monat des Gartenjahres. Wenn ich mir meine Aufzeichnungen aus dem letzten Frühling ansehe, stelle ich fest, daß ich zu Anfang die Büsche aus dem harschigen Schnee schaufelte und mich über ihr mitgenommenes Aussehen entsetzte, während ich ab Mitte des Monats gießen mußte, um all das neu Austreibende und frisch Ausgesetzte nicht in der sengenden Hitze (es hatte Ende April im Salzkammergut mehrere Tage lang an die 28°) verdorren zu lassen. Und da soll einem irgend etwas Verläßliches zum April einfallen. Es ist alles möglich, von Schnee über Graupelschauer bis zu heftigen Regengüssen, aber auch hochsommerliche Temperaturen. Was allerdings jedes Jahr im April blüht, das sind Tulpen. Nicht alle zur gleichen Zeit, gottlob, dennoch ist und bleibt der April der Tulpenmonat, selbst wenn einige Sorten bis in den Mai hinein nachzügeln.

Eigentlich konnte ich Tulpen lange Zeit kaum etwas abgewinnen, vielleicht wegen der vielen Vorgartenrabatten, die sich knallrote Tulpen mit knallgelben Märzenbechern, womöglich noch mit blitzblauen Traubenhyazinthen teilen – und das alles in der nackten Erde, ohne daß ein Grashalm oder ein harmloses Unkräutlein das Aufeinanderprallen dieser starken Farben auch nur ein wenig milderte. Irgendwie hatte ich den Eindruck, bei Tulpen handle es sich um rein industriell vorgefertigte Ware, der nichts Geheimnisvolles mehr anhaftet, und dieser Eindruck wurde durch die Körbe voller Tulpenzwiebeln, die selbst in Drogeriemärkten ausliegen, noch verstärkt.

Aber wie so oft, wenn es um Pflanzen geht, wird man über kurz oder lang eines Besseren belehrt. Es bedurfte nicht erst des passionierten Buches von Anna Pavord, die in *Die Tulpe* von der Entwicklung dieser Pflanze und ihrer Verbreitung schrieb und dabei berichtete, welch finanzielle Katastrophen die *tulpomania* in halb Europa ausgelöst hatte, um mein Interesse an Tulpen, zumindest an einigen der weniger üblichen Sorten, zu wecken.

Die erste, die mir wirklich gefiel, war die gute alte ›Angelique‹, über die ich bei Eifler in Wien gestolpert war. Dann wurde ich kühner und wagte mich an Papageientulpen, ›Fantasy‹, ›Blue Parrot‹ und ›Black Parrot‹, aber auch an gefüllte Sorten wie die changierende pinkfarbene ›May Wonder‹ und die weiße ›Casablanca‹. Doch es war immer dasselbe. Im ersten Jahr kamen sie prächtig, im zweiten Jahr kehrten sie etwas verschlankt und im dritten Jahr bloß noch spärlich und ziemlich unansehnlich wieder. Nur die Viridiflora-Tulpe ›Spring

Greigii-Tulpen

Green‹ hat sich über die Jahre hin gehalten, nicht ganz so üppig wie im ersten, aber sie ist immer noch von guter Statur und mit ihren grüngestreiften, hellen Blüten ein frühlingshafter Blickfang.

Man gab mir den Rat, die Zwiebeln nach dem Einziehen der Blätter auszugraben und erst im Herbst wieder einzusetzen. Aber jeder Versuch, in die Tiefe der Tulpenzwiebeln vorzustoßen, scheiterte an den anderen Pflanzen, die sich inzwischen etabliert hatten und mein Treiben mit stummen, wenn auch durchaus fühlbaren Schreien der Entrüstung verfolgten.

Danach versuchte ich es mit dem Korb, jener runden Gitterschüssel, in der man die Tulpen vergraben sollte, um sie dann mitsamt dem Plastikding wieder auszugraben. Hoffnungslos. Mehrere Male durchstach ich mit dem Spaten den Korb. Auch wollten die Pflanzen, die sich mittlerweile zu den Tulpen in den Korb gesetzt hatten und ebenfalls blühten, den Umzug nicht mitmachen. Und dann sollte man das alles zu einer Zeit tun, in der genügend andere, aufregendere Dinge im Garten zu geschehen haben, als nach Tulpenzwiebeln zu graben. Auch sollte man sie, wenn man sie ausgrub, sogleich beschriften, damit man im Herbst auch noch wüßte, wer wer ist. Mit einem Wort, ich ließ es bald bleiben.

Wann immer mir nun beim Graben eines neuen Pflanzlochs eine Tulpenzwiebel hergeht – schließlich vergißt man bis zum Herbst schon gelegentlich, wo genau die einzelnen gestanden sind –, stecke ich sie in ein Beet hinterm

Haus, in der Nähe der Kompostbehälter. Manche erholen sich dabei sehr gut. Und sie müssen nicht einmal in den Farben zueinander passen, denn es sind die einzigen Tulpen, die ich für die Vase abschneide. Ansonsten bin ich mit Tulpen ziemlich knausrig, selbst wenn Peter Altenberg meint: »An Tulpen ist, daß man ihnen den Hals umdrehen kann, ohne ins Kriminal zu kommen.« Doch blühen sie zu einer Zeit, wenn draußen ohnehin noch nicht allzuviel los ist.

Irgendwann kam ich dann auf die Kleinen, die Wilden, die Botanischen. *Tulipa turkestanica* hatte es mir in einer Zeitschrift angetan und ist seither heimisch in meinem Garten. Die cremefarbenen Blüten öffnen sich zu sechszackigen Sternen, aus deren Mitte die Staubgefäße tiefgelb mit dunklen Spitzen hervorleuchten. Sie begnügt sich mit jedem Boden, wenn er nur durchlässig ist, und kommt apart und gekräftigt in jedem Frühjahr wieder. Auch mit der *Greigii*-Tulpe ›Rockery Master‹ habe ich gute Erfahrungen gemacht. Ihr Rot ist zwar grell, aber die breiten, gestreiften Blätter dämpfen es ein wenig. Etwas kleiner ist die Botanische Tulpe ›Lilac Wonder‹, eine rosafarbene mit gelbem Grund, deren Blüte sich ebenfalls zum Stern breitet und sich gut unter größeren und prächtigeren ihrer Art macht wie zum Beispiel unter ›Angelique‹, wie meine Zürcher Gartenfreundin Constantia Spühler in ihrem neuen, wunderschönen Bildband *Frühling natürlich* anhand eines ihrer erstaunlich duftigen Fotos beweist. Und es war auch Constantia Spühler, die mir zu einem besonderen Tulpen-Erlebnis verholfen hat.

Ich hatte mich letzten Winter aufgrund einer Abbildung in *Allium spaerocephalon*, einen wunderhübschen zarten Zierlauch mit magentarotem konischen Köpfchen, verschaut, was ich Constantia schrieb. Hier konnte ich es in keinem Katalog finden. Bald darauf kam ein Päckchen mit einigen kleinen Zwiebeln und der Nachricht, daß die wohl übriggeblieben und in einem alten Blumentopf wiedergefunden worden wären. Vielleicht würden sie doch noch im Frühjahr treiben. Ich setzte sie voller Freude in einen Topf, machte es ihnen so bequem wie möglich, redete ihnen gut zu, stellte sie neben die Küchentür, geschützt, aber doch im Freien, und harrte der Dinge, die da kommen oder nicht kommen würden.

Und sie kamen, wenn auch nicht in Form eines Zierlauchs, sondern – schon die Blätter wiesen eher in diese Richtung – als Tulpe, zart, wunderhübsch, blaßgelb mit rötlichem Schimmer außen. Ich schrieb wieder nach Zürich und erhielt die Auskunft, daß es sich dabei nur um *Tulipa clusiana*, eine sehr alte, kleine Wildtulpe, die kaum mehr angeboten wird, handeln könne, man entschuldige sich für die Verwechslung. Ich war dankbar für und begeistert von dem Schatz, der da undanks zu mir gefunden hatte, und überlegte im Herbst lange, wohin ich ihn setzen sollte, damit er auch entsprechend zur Geltung kommen würde.

Natürlich sind es nicht die Tulpen allein, die im April ihre Gestalt in Form von Blüten vollenden. Da blüht ein ganzes kleines Beet voller Kugelprimeln und darunter, in den Farben kontrastierend, beinah stengellose Kissenprimeln. Im Halbschatten gaukeln die Blüten der Elfenblume *Epimedium rubrum* über ihren grünen Herzblättern und *Cyclamen coum*, das bereits unterm Schnee zu blühen begonnen hat, hält sich noch eine Weile unter den Zwergkiefern.

Ein wunderbarer Anblick sind die bronzefarbenen Austriebe der großen Pfingstrosen, die sich wie kleine Fransentiere aus der Erde schrauben.

Das Beste aber kommt immer zum Schluß, heißt es zumindest im Volksmund – und das Beste, was mir im Garten passieren konnte, war und ist zu dieser Jahreszeit *Fritillaria persica*. Ich hatte es schon öfter mit Zwiebeln versucht, ohne Erfolg, offenbar hatte ich sie zu spät oder bei der falschen Firma gekauft. Im letzten Jahr aber, als ich schon kaum mehr mit ihrem Erscheinen gerechnet hatte, streckte sie plötzlich ein Büschel lanzettförmiger Blätter aus der Erde, und ich lief jeden Morgen hinaus in den Garten, um zu sehen, wie viele Milli- oder Zentimeter sie weiter gediehen war. Innerhalb von zwei Wochen war dann der ganze, etwa 70 cm hohe Stengel mit den sich nach und nach öffnenden pflaumenfarbenen Glöckchen heraußen, und ich erstarb geradezu vor Bewunderung. Dabei wußte ich schon, was mich im Glücksfall erwarten würde, da ich vor Jahren im Botanischen Garten der Stadt Wien, hinter dem Belvedere, eine Reihe von diesen Fritillarien blühen gesehen hatte.

Und dann hatte ich auch noch Glück mit einer anderen Fritillaria, nämlich mit *michailovskyi*, die, viel kleiner als *persica*, mit braunen, gelbgezipfelten Glöckchen an etwa 20 cm hohen Stengeln blüht. Auch *acmopetala* hatte bereits einmal ein Gastspiel in meinem Garten gegeben, dann war sie ein Jahr lang verschwunden, kam jedoch zu zweit wieder. Ebenso wie den Schachbrettblumen *Fritillaria meleagris*, die kommen und gehen, leider öfter gehen als kommen, wohingegen die üblichste aus dieser Familie, nämlich die Kaiserkrone, bei mir von irgendeinem Freßfeind regelmäßig nach dem Austrieb flachgelegt wird. Ich muß gestehen, daß ich mich auch nie sehr um sie bemüht habe. Verglichen mit den anderen Fritillarien, empfinde ich sie einfach als zu imperial.

Fritillaria
persica

Topfträume

Noch stehen mir die Bilder des vorjährigen Wucherns vor Augen, und ich bin geradezu enttäuscht, wenn der Schnee Zentimeter für Zentimeter nackten Boden freigibt. Doch sogar unter dem Schnee hat sich einiges getan. Es gibt Pflanzen, die lauern auf den ersten Sonnenstrahl, der sie treffen wird, und holen dann stante pede alles nach, worin ihnen die aus den Tälern schon um Wochen voraus sind. *Cyclamen coum* aber beginnt bereits in seiner Kaverne zu blühen und entspringt dann, wie Pallas Athene dem Kopf von Zeus, sozusagen geharnischt, der Schneedecke. Aber insgesamt wirkt der Garten, der mir im Herbst noch viel zu eng erschien für all das, was in ihm gediehen war, viel zu groß, schlottert um die noch schlanken Knospen und Triebe und läßt allenthalben Formmängel erkennen.

Selbst wenn mein besonderer Freund, der duftende Diptam *Dictamnus albus*, sich bereits zum Wettlauf mit den Schnecken rüstet, die ihm seinen fiedrigen Austrieb nur allzu gern abraspeln würden, oder das zauberhafte *Nectaroscordum siculum*, ein Lauchgewächs mit perlmuttfarbenen Glöckchen, sich langsam aus dem Boden schlängelt und die stinkende Nieswurz *Helleborus foetidus* ihre hellgrünen Blüten im Halbschatten wiegt – das Gefühl von Raumüberschuß bleibt. Auch werden die nachbarlichen Stimmen noch nicht von üppigem Blattwerk gemildert, und der Blick von Passanten trifft einen, als stehe man im Nachthemd auf der Terrasse.

Was also tun? Seit Jahren gibt es da für mich nur eines – und in Gedanken krempleiche ich bereits die Ärmel auf – Töpfe. Und schon werden all jene, deren Bewohner ein wenig Frost vertragen und die auf der unteren, halb offenen Veranda dem Winter so recht und schlecht getrotzt haben, weil ich es ihnen zutraute und im Keller ohnehin kein Platz mehr war, aus ihren Winterquartieren gezerrt, um wenigstens eine Illusion von lebendigem Garten zu erzeugen.

Orgien des Umtopfens ersetzen von nun an jede Art von Gymnastik, auch wenn manche Pflanzen nur von Stroh und Styroporkugeln befreit, ein wenig gelockert, nachgeerdet und zurechtgezupft werden müssen. Das Ganze ähnelt der Aufführung eines Stücks, beginnend bei der Verteilung der Rollen, über endlose Proben und Debatten zu Bühnenbild und Kostümen bis hin zu einer später immer noch nachzubessernden Premiere. Die Oleander zum Beispiel sollen die Einsicht in die Terrasse verstellen, eine knospende Hortensie den

Blick fangen, der sonst aufs weiter unten gelegene nachbarliche Eternitdach fiele, usw. usf.

Was die Beete noch nicht schaffen, nämlich Etagen, wird den Töpfen abverlangt. Nicht nur, daß sie sich umrißmäßig in an- und absteigender Linie gruppieren, werden sie auch noch auf Schemeln, Drahtgestellen und Gartentischen postiert, damit der Blick auf allen Ebenen etwas zum Staunen findet, im Hocken, im Sitzen und im Stehen – selbst auf der Leiter, die ich gelegentlich besteige, um den Kletterern (Rosen, Akebien, Strahlengriffel, Geißblatt usw.) die Frisur zu richten.

Natürlich hat man nie genügend Töpfe oder gar Topferde, und so beschwöre ich Freunde, die zum Essen kommen, nur ja keine *unnützen* Gastgeschenke mitzubringen, ein Sack guter Gartenerde tue es auch. Womit ich schon so manchen in Verlegenheit gebracht habe. Die Plastikmonster haben fast immer irgendwo ein Loch oder sind im Freien gelagert worden und versauen auch noch den Kofferraum.

Was die Töpfe anlangt, so rächt sich nun die Faulheit vom letzten Oktober, als man sie noch bei milder Herbstsonne mit dem Gartenschlauch hätte säubern können. Der Dreck hat mit ihnen im Schuppen überwintert und muß nun während unberechenbarer Frühlingsschauer herausgekratzt und -gespült werden. Was dazu führt, daß man sich umso lieber ein paar neue, innen blitzblanke zulegt. Und wenn man schon einmal da ist, nämlich in der Gärtnerei,

Hauswurzarten

Töpfe, Töpfe,
Töpfe

entdeckt man unweigerlich ein paar neue Pflanzen, die – weil aus der Toskana
oder sonstwoher importiert – schon viel weiter sind als die auf den eigenen
Fensterbrettern vorgezogenen, und die man nur allzu gerne vorerst und zur
Beobachtung in einen Topf setzt. Doch auch einige Pioniere aus der Eigen-
produktion sind schon soweit, sich statt der Anzuchttiegel einen eigenen Topf
zu verdienen.

Das schreibt und liest sich alles so leicht, in Wirklichkeit haben die Muskeln
eine harte Zeit bei all dem Ein- und Umtopfen, dem Heben von Eimern und
dem ewigen In-die-Knie-Gehen, da das Bücken die schlimmeren Folgen hat.
Und da man es sich gerne leichter macht, lagere ich alles Nötige in der Küche.
Da regnet es nicht aus heiterem Himmel, es gibt einen Wasserhahn und ein
Radio, und kehren muß man ohnehin. Man sollte nur ein Auge darauf haben,
daß die Katzen die Topferde nicht mißverstehen, die zu Besuch kommenden
Hunde die Hornspäne nicht fressen und Gäste nach Möglichkeit nicht in die
Küche kommen. Der Anblick der verschiedenen Erdmischungen könnte sie
befremden. Es ist nun einmal so, daß die meisten Menschen nur am Ergebnis
und nicht an seinem Zustandekommen interessiert sind. Wer denkt schon
gerne an all das Verrottete, das Pflanzen zur Nahrung dient.

Soll und Haben

Im Steingarten regt sich die Walzenwolfsmilch, die Küchenschelle zeigt ihre weinroten Glocken, ein Peterg'stamm, wie man die wildwachsende gelbe Aurikel mit starkem Duft hier nennt, blüht makellos, die Schnee- bzw. Lenzrosen spreizen ihre Blütenblätter in Mauve und Rot, die Kugelprimeln wuchern geradezu, auch die Kissenprimeln zeigen Farbe, und unter dem Schnee, geschützt von den Nadelwedeln einer Zwergkiefer, leuchtet *Erythronium* ›Pagoda‹ hervor.

Es sind alles eher kleine Pflanzen, die auf den noch ziemlich nackten Beeten Stimmung machen, und so sehr ich mich auch an ihnen freue, ich möchte einfach mehr sehen. Vor allem, wenn ich, wie im letzten April, gleich zweimal zu Lesereisen in den Süden fuhr, erst nach Slowenien, dann nach Italien, und dabei zu sehen bekam, wie weit anderswo alles schon gediehen war.

In Marburg standen die Forsythien und die Kirschen in voller Blüte, und an den leicht bewaldeten Straßenrändern gab es ganze Horste von Hundsveilchen und noch viele Schneeglöckchen. Etwas später, in Italien, hatte ich bereits blühende blaue Iris gesehen. Nur hierorts war der Frühling noch immer dabei, sich einen Anlauf zu nehmen.

Im April erweisen sich die winterlichen Verluste als endgültig. Nicht nur, was unterm Schnee zu Bruch gegangen ist, muß ein für alle Male abgeschrieben werden, auch was das Winterquartier im Keller oder auf der offenen Veranda nicht überlebt hat, ist nun unwiderruflich dahin.

Letztes Jahr hat der Schnee meinem Amberbaum einen größeren Ast abgebrochen, den ich allerdings retten konnte, indem ich ihn wieder ganz fest an den Stamm band und mit Baumsalbe verschmierte. Gerade beim Amberbaum, dessen gefurchte Rinde ziemlich spröd wirkt, kränken solche Verletzungen, da das erst zweieinhalb Meter hohe Exemplar sehr hübsch gewachsen ist und mit einer flammenden Herbstfärbung aufwartet. Nur geht seine innere Uhr anders, als sie in dieser Gegend sollte. Das heißt, daß der Amberbaum zu spät austreibt, man sieht seinen Verband also ziemlich lange durch die noch kahlen Äste scheinen, und er verliert zu spät sein Laub, was ihn schwerem, nassem Novemberschnee gegenüber so gut wie hilflos macht. Das hat ihn schon vor Jahren den Leittrieb gekostet, doch hat sich an dessen Stelle nun ein anderer Ast aufgerichtet.

Das beinahe schwarze Hornveilchen ›Molly Sanderson‹ ist in seinem Probetopf dahingesiecht, und *Helleborus foetidus* ›Altenberg Selektion‹ hat sich der-

maßen kommentarlos verabschiedet, daß nichts darauf hindeutet, wo ich sie im Herbst gesetzt hatte. Noch dazu hatte ich ihren Platz irrtümlich mit dem Schildchen der *Hemerocallis* ›So lovely‹ markiert. Ich hoffe, sie hat sich nicht aus Ärger *darüber* unwiderruflich in tiefere Erdschichten zurückgezogen.

Zwei von den drei *Cosmos atrosanguineus*-Knollen haben sich sozusagen in Luft, das heißt Erde, aufgelöst und sind beim Umtopfen nicht mehr auszumachen. Wie zum Trost leuchtet plötzlich *Tulipa turkestanica* auf, die einen cremefarben blühenden Horst bildet, auch wenn irgendein Nimmersatt aus dem Tierreich es schon wieder geschafft hatte, ihr ein paar Löcher in die braungrün gestreiften Blattzungen zu beißen.

Solange die Pflanzen in den Beeten sich noch ziemlich bedeckt halten, machen Töpfe wirklich etwas her. Es gibt so schöne, die man eigentlich auch ohne Pflanzen in den Garten stellen könnte, schon ihrer befriedigenden Form wegen.

Die echten Terrakottatöpfe in den klassischen Formen sind ebenso unwiderstehlich (nur ihrem Preis muß manchmal widerstanden werden) wie jene blau oder grün glasierten chinesischen, die preiswerter zu haben sind (doch steigt natürlich auch bei ihnen der Preis mit der Größe), Metalltöpfe aus gebürstetem Eisenblech, Eichenfässer oder Kästen aus Tropenholz, Steinguttöpfe, matt gebrannte einfache Tontöpfe, Keramiktöpfe … der Möglichkeiten sind viele und die Geschmäcker gottlob verschieden.

Was Töpfe angeht, werde ich immer wieder schwach, und ich arrangiere die alten zusammen mit den neuen zu Gruppen, plaziere sie auf ausrangierten Beistelltischen, stelle sie aufs Balkongeländer oder setze sie in die Beete, um die noch kahlen Stellen zu beleben. Und natürlich kaufe ich neue Pflanzen für die alten Töpfe und neue Töpfe für diejenigen Pflanzen, die mir plötzlich für ein Topfdasein geeignet erscheinen.

Es gibt Töpfe, die man sich nur mit einem gut entwickelten Rosmarinbusch vorstellen kann, und da der eigene Rosmarin nach all dem Abgegessenwerden nicht mehr die Kraft hatte, mit Anstand zu überwintern, muß ein neuer aus der Gärtnerei her. Andere Töpfe wiederum verlangen geradezu nach panaschierten Funkienblättern, und da man die eigenen im Schattenbeet, die erst anfangen, erkennbare Röhren auszustülpen, nicht stören möchte, wird eine neue Sorte bestellt, die man ohnehin schon immer ausprobieren wollte.

Auch die neu erworbene *Rosa* ›Tuscany‹, eine alte, dunkelsamtrot blühende Gallica-Rose, wird zur Beobachtung natürlich vorerst in den Topf gesteckt.

Vorhergehende
Seiten:
Kuhschellen

Wenn es nicht gerade friert, kommen Mitte April die großen Oleander- und *Brugmansien*-Kübel aus dem Keller, und um sie herum, sei es direkt auf ihre Erde oder auf den Boden darunter, kommen die Töpfe mit den Tulpen und Lilien, den Galtonien, Fuchsien und so weiter.

Die neuen Pflanzen die ich mir gelegentlich aus dem Belvedere-Garten, der seine Überschußsämlinge abgibt, hole, wenn es mir gelingt, im April in Wien zu sein, kommen selbstverständlich zuerst in einen Topf. Meist stecken sie in winzigen Sandbehältern, und da keine Information über ihr späteres Aussehen und ihre speziellen Wünsche mitgeliefert wird, sind einige wohl das Opfer ihrer gutmeinenden, aber unkundigen Gärtnerin geworden. Oder sie haben einfach den Klimawechsel nicht vertragen.

Im letzten Jahr gehörte eine *Paeonia tenuifolia* zu meiner Ausbeute, eine Pfingstrose mit zart gefiederten Blättern. Sie wirkte selbst in dem kleinen Topf, in den ich sie pflanzte, noch wie verloren. Ich hegte und pflegte sie, so gut ich es verstand, aber sie bewegte sich keinen Zentimeter, verwelkte aber auch nicht, bis sie dann eines Tages verschwunden war. Ich fragte mich natürlich, ob sie nur eingezogen oder ob sie sich endgültig davongemacht hatte.

Eine japanische Zwerghosta *(var. minima* ›Heimii‹*)* hat ganz gut überlebt, ebenso eine *Iris nepalensis*, von der ich hoffe, daß sie dieses Jahr blühen wird.

Bis weit in den Mai hinein nehmen die Töpfe also zu, werden mit allem möglichen bepflanzt und täuschen Garten vor, während im tatsächlichen Garten noch nicht viel los ist.

Spätestens im Juli, wenn es dann heiß wird, beginne ich meine Topfleidenschaft zu bereuen. Töpfe müssen viel öfter gegossen werden, weil sie rascher austrocknen als die Beete. Ist der Sommer aber ein verregneter, hält irgendwann die Drainage nicht mehr stand, und es gibt Staunässe. Außerdem stehen die Töpfe den anderen Pflanzen, die mittlerweile alles nachgeholt haben, was sie bis Juni versäumt hatten, im Weg, und ich beginne, zumindest einige der Neulinge auszusetzen, wenn sie sich inzwischen entsprechend gekräftigt haben.

In jedem April aber flackert die Topfleidenschaft von neuem auf, auch wenn ich mittlerweile den Zuwachs ein wenig in Grenzen zu halten versuche. Mein Schuppen ähnelt im Winter ohnehin schon einer kleineren Lagerhalle.

Maienfreud

Letztes Jahr hat zumindest im Salzkammergut der Hochsommer im April begonnen, sich bis Ende Juni hingezogen, um dann bis Mitte August in einen ungemein nassen Frühling zurückzufallen. Was den meisten Blumen nicht so viel ausmachte, da sie einfach schon früher geblüht hatten und dann während der langen Regenperiode vielleicht noch ein paar Blätter nachschoben oder es sich einfach in ihren Wurzelschlammpackungen wohl sein ließen. Grob gesprochen. Denn natürlich gab es viele, später blühende, denen Sonne schon lieber gewesen wäre, aber im großen und ganzen passierte nicht viel. Die Blätter waren jedenfalls schöner als sonst, vor allem die der Funkien, da die Schnecken der frühen Sommerhitze wegen nicht so rasch zum Zug kamen, und als sie sich dann bei einsetzendem Regen in Windeseile vertausendfachten, waren viele Stauden schon über das Alter hinaus, in dem sie ihnen noch schmecken.

Wirklich gegen die Umkehrung der Jahreszeiten protestiert haben nur die Kürbisse, die zwar blitzartig angingen und früher als sonst ausgesetzt werden konnten, wobei ich sie Anfang Mai für alle Fälle nachts schon noch mit einer belüftbaren Plastikglocke abdeckte, dann aber das Wachstum einstellten oder gar zu faulen begannen, als der Regen nicht mehr aufhören wollte. Nicht alle sind verkommen, aber die Ausbeute war wesentlich geringer als im Jahr davor.

Auch die Iris haben es lieber in der richtigen Reihenfolge. Zuerst ausreichend Feuchtigkeit, bis sie zum Blühen kommen, dann aber mögen sie es heiß, damit ihre Rhizome richtig ausbacken können. Der Regen im Juli ließ die Begleitpflanzen und das Unkraut wuchern, die die Irisse immer heftiger bedrängten, so daß einige Knollen ebenfalls zu faulen begannen.

Weniger übelgenommen haben es erstaunlicherweise die Paradeiser. Ich hatte die Sorten ›De Bero‹ (eine honiggelbe, längliche, die sehr gut schmeckt), ›Pendulina‹ (eine frühe Hängetomate, die nicht viel Platz braucht und auch im Kübel gezogen werden kann), ›Zhuan Hong Kiao‹ (eine leicht behaarte, himbeerfarbene) und ›Siberia‹ (eine frühe rote, die sich auch im Kübel ganz wohl fühlt) gezogen. Ihnen allen behagte das Maiwetter dermaßen, daß sie rasch zu kräftigen Pflanzen heranwuchsen, Früchte bildeten und ihnen der spätere Regen eigentlich nicht mehr so viel anhaben konnte.

Dazu hatte ich auch noch zweierlei Sorten Tagetes aus Samen gezogen, die im Mai ausgesetzt werden konnten. Einmal *Tagetes tenuifolia* ›Tangerine

Gelber Scheinmohn
vor Lavendelrondeau

Gem‹, ein zartes, fiederblättriges Geschöpf mit vielen kleinen, orangefarbenen Blütchen und einem äußerst würzigen Duft, genau das richtige für den *Pendulina*-Topf, und *Tagetes erecta* ›Vanilla‹, eine höherwachsende, elegante, cremefarbene Dame mit rundem, gerüschtem Hut, die ich in mehrere Töpfe auspflanzte, um sie immer irgendwohin stellen zu können, wo sie etwas *verbergen* sollte, eine unschöne Lücke oder einziehende Zwiebelgewächsblätter. Beide Tagetes blühten bis zum Herbst (bei ›Vanilla‹ sollte man allerdings das Verblühte immer gleich abschneiden) und waren nicht nur nützlich, sondern auch ungemein hübsch anzuschauen. Übrigens kann *tenuifolia* auch als Würzmittel verwendet werden.

Im letzten Maidrittel waren die Zuckererbsen gesteckt, der Neuseeländer Spinat bereits ins Freie gesetzt, und die Salatpflanzen begannen nach Salat auszusehen. Ich warf noch ein paar wohlgefällige Blicke auf *Aquilegia fragrans*, eine gelblichweiße Wunderblume, nämlich eine Akelei, die duftet, wobei ihr Duft ein wenig an den des Diptams erinnert (den zu ziehen und zu halten mir mittlerweile gottlob gelungen ist), nur daß er ein wenig mehr zu Lilien tendiert, wohingegen der des Diptams um eine Spur zitroniger riecht, verabschiedete mich von den aufblühenden Pfingstrosen in beinah allen Farben, Weiß, Rosa, Dunkel- und Schwarzrot, sprach einen Schneckenzauber über die Zwergirisse und vertraute das Heil meiner Pflanzen einer hilfreichen Nachbarin an, die zu gießen versprach.

Aquilegia fragrans

Es war eigentlich eine Lesereise, die mich nach England führte, die deutsche Schule in London und ein College in Oxford hatten mich eingeladen. Daß die Reise gerade im Mai stattfinden sollte, nahm ich als Zeichen und beschloß, meine Zeit entsprechend zu nutzen. Man hatte mich nach meinen Wünschen für Sightseeing gefragt, und ich hatte natürlich die Chelsea Flower Show angegeben, aber wie ich hörte, wäre es so gut wie unmöglich, ein Ticket für mich zu beschaffen. Eine Lehrerin an der deutschen Schule erbarmte sich und ließ mich auf ihre Mitgliedskarte einen halben Tag buchen, aber was ist schon ein halber Tag, wenn es Tausende von Pflanzen zu sehen gibt.

Den ersten freien Tag verbrachte ich in Kew Gardens, dem großen Botanischen Garten von London. Und dieser Besuch versetzte mich bereits in jene prickelnde Stimmung, in der sich wohl Pferdeliebhaber zum Wetten auf die Rennbahn begeben. Die Lust auf Neues, noch nie zuvor Gesehenes oder nicht *in natura* Gesehenes läßt einen selbst schmerzende Füße und den englischen Regen vergessen.

Kew Gardens bietet so ziemlich alles, was man von einem Botanischen Garten erwarten darf, sogar ein Evolutionshaus, in dem anhand von frühen Pflanzen und Schautafeln die dreieinhalb Millionen Jahre alte Geschichte der Pflanzen nachvollzogen wird.

Zwei Tage vor meinem gebuchten halben Tag schlenderte ich morgens in Richtung Chelsea, eigentlich in der Absicht, mir den kleinen, aber feinen Chelsea Physical Garden anzuschauen und dabei zumindest einen Blick auf die Flower Show zu riskieren, damit ich beim nächsten Mal keine Zeit mit der Suche nach dem richtigen Eingang verlieren würde. Und, wie das Schicksal von Gärtnern und Gärtnerinnen eben so spielt, ich konnte mich dem Sog der aus allen in eine einzige Richtung strömenden Menschen nicht entziehen und fand mich, ohne danach gesucht zu haben, sehr bald vor dem Haupteingang zur Show. Kurz vor den Barrieren hielt ich inne und stand wohl ein paar Minuten etwas verloren am Rand. Da kam ein älterer Herr auf mich zu und fragte mich freundlich, ob ich nicht eine Tageskarte für die Show haben wolle.

Ich war so perplex, daß ich gar nicht gleich begriff, was er mir da angeboten hatte. Doch dann ging alles sehr rasch. Ich bezahlte die 44 Pfund und war schon wieder mitten in dem Menschenstrom. Während ich Schlange vor dem Einlaß stand, begann ich kurz an meinem Glück zu zweifeln und fragte mich, was geschähe, wenn die Karte gar nicht gültig wäre, gefälscht oder bereits benützt, denn ich hatte in der Eile keinen einzigen Blick darauf geworfen. Aber da war mein Ticket schon abgerissen, und ich hatte einen ganzen langen Tag in der Chelsea Flower Show vor mir.

Während ich mich von Halle zu Halle, von den Zelten zu den Freiland-anlagen, vom Gartenzubehörverkaufs- bis zum Hot-Dog-Stand durchschlug, füllte ich Seite um Seite meines Blocks mit Pflanzennamen, um sie zu Hause in meiner Pflanzen-Enzyklopädie nachzuschlagen, denn es wäre unmöglich gewesen, sich all die Namen und die dazugehörigen Pflanzen zu merken. Allein, was da an kleinen, mittleren und hohen Irissen gezeigt wurde, war von einem Pomp und einer Vielfalt, die das Gedächtnis eines Tages bei weitem überstieg. Oder die sagenhafte Anzahl von Lavendel-Sorten, darunter solche, die gar nicht mehr wie Lavendel aussahen, sondern wie dünnstielige Blumen mit farbigen Kugelschöpfen.

In all der Fülle aber kam mir wieder zu Bewußtsein, wie wunderbar eigent-lich die natürlichen Arten blühen. Selbst bei den Irissen wurde ich der gerüsch-testen und gefälteltsten, der sogenannten Pracht-Irisse, am raschesten müde. Nach einigen von ihnen schier überquellenden Ständen wollte ich sie plötzlich gar nicht mehr sehen und kehrte zu einer kleinen, wunderhübschen, hellviolett geäderten *Iris setosa* zurück, die ich gerne irgendwann in meinem Garten sehen würde, so wie jenen rötlichbronzefarbenen Breitwegerich *Plantago major* ›Rub-ra‹, den ich mir gut am Rande meiner Steinbeete vorstellen kann. Dennoch erübrigt es sich wohl, zu sagen, daß ich auch noch meinen gebuchten halben Tag in der Chelsea Flower Show verbracht habe.

Viel Feind – viel Ehr

Rosen haben viele Feinde, heißt es, und es heißt nicht nur so. Dabei meine ich nicht einmal die heiklen Edelrosen, sondern jene alten Schönheiten, wie Gallica-, Damaszener- und Bourbonrosen, deren gerüschte Blüten einen meist nur einmal, im Juni, und vielleicht noch im September ergötzen, aber auch jene neueren englischen Züchtungen, die den Charme der alten Rosen ins Blühfreudigere zu ziehen trachten, wie die Austin-Rosen.

Mit einem Wort, ich meine all meine Lieblinge, herrlich duftende, ziemlich robuste Strauchrosen, die in Einzelstellung am besten zur Geltung kommen. Einzelstellung bedeutet nicht, daß sie keine Hofdamen haben dürfen wie Akeleien, Glockenblumen, Zierlauche, Melissen oder Minzen, es bedeutet, daß sie als Rosen am besten einzeln stehen sollten. Das tut ihrer Gesundheit gut (Mehltau, Sternrußtau, Rost usw. werden weniger leicht übertragen) und der Wahrnehmung ihrer Einmaligkeit ebenfalls.

Da ich meine gekauft habe, als noch Platz im Garten war, können sie sich in voller Sonne, ein wenig geschützt von entfernteren Hecken, aber dennoch der Luftbewegung ausgesetzt, ohne räumliche Beschränkung produzieren und leiden kaum unter den bereits genannten Krankheiten.

Aber der Feinde sind, wie gesagt, viele. Blattläuse und Rollwespen sind nicht wirklich erwähnenswert. Die Blattläuse werden von den Marienkäfern verspeist oder mit der Hand abgestreift, wenn sie tatsächlich überhand zu nehmen drohen. Und die Rollwespen, na ja, die paar eingerollten Blätter sind leicht zu verschmerzen.

Da sind dann noch die Rehe, die eigentlich Trughirsche heißen und als solche zu den großen Gourmets der ländlichen Szene zählen. Rosenknospen, so wie Knospen überhaupt, gehören zu ihren bevorzugten Dessert-Wünschen, und da sie mit den jagdlichen Schonzeiten bestens vertraut sind und genau wissen, daß die meisten Hunde über Nacht im Haus gehalten werden, scheuen sie weder Bewegungsmelder noch auf die Büsche verteilte Hundehaare, um an das Begehrte zu kommen. Das einzige, was hilft, sind in Petroleum getauchte Tücher, die man nachts in die Rosen hängt.

Inzwischen blühen alle meine Büsche so üppig, daß ich meist ohne Petroleum mit den Rehen leben kann, selbst wenn sie gelegentlich tüchtig zulangen, aber die angrenzenden Wälder sind zur Zeit nicht so überhegt, daß die Rehe auch tagsüber ohne Scheu in die Gärten hüpfen würden.

Viel bedrohlicher sind da schon die Junikäfer, diese kleinen braunen Lästlinge, die mancherorts der Grasnarbe derart an die Wurzeln gehen, daß man diese im Stück abheben kann. Nicht nur, daß die Minimaikäfer es lieben, ihre Notdurft auf frischgewaschene, im Garten aufgehängte Wäsche zu verrichten, vielerlei Blattwerk zu bebeißen und in Dekolletés zu kriechen, sie entpuppen sich auch als Rosenliebhaber. Bis zu vierzig Stück habe ich schon von einzelnen, vor allem duftenden Blüten der ›Königin von Dänemark‹, von ›Gertrude Jekyll‹ oder von ›Rose de Resht‹ geklaubt, besser gesagt gequetscht, denn gegen die Junikäfer gibt es kein Mittel. Es hilft nur eins, sie abzusammeln (meist fliegen sie vorher davon) und auf den Juli zu warten. Da ist zwar die Blütezeit der alten Rosen ebenfalls vorbei, aber diejenigen, die öfter blühen, haben die Chance, sich unbeknabbert zu entfalten.

Der wahrhafte Gottseibeiuns aber sind die Wühlmäuse. Man sieht sie nicht, man hört sie nicht, sie arbeiten unterirdisch, und plötzlich hängt einem die Lieblingsrose welk im Arm, und man kann nur tränenreich Abschied nehmen. Zum Glück läßt sich bei mir keine Wühlmaus blicken. Das habe ich nicht nur den neun Katzen und drei Hunden in der unmittelbaren Nachbarschaft zu verdanken, sondern auch dem Bauern, der die angrenzende Wiese mit seinen ungetümartigen Maschinen bearbeitet. Denn Vibrationen, wie sie von einem Traktor ausgehen, mögen Wühlmäuse nicht, habe ich mir sagen lassen.

Sogar die Maulwürfe, die ich schätze, weil sie gute Topferde produzieren, sind weggezogen, seit nicht mehr mit der Hand gemäht wird. Nun, da ich um diese Zusammenhänge weiß, beklage ich mich nicht mehr über den Verfall der *bäuerlichen Werte*, schließlich bin ich in bezug auf die Rosen Partei und schaue mit Genugtuung dem jungen Mann zu, wie er maschinenmäht, maschinenwendet, maschinenhäufelt, maschinenbündelt und maschineneinholt. Nur den Maulwürfen trauere ich gelegentlich ein wenig nach.

Mittlerweile erreicht mich viel Wühlmaus-Post. Fragen über Fragen, die ich nur mangelhaft beantworten kann. Denn auch bei den Wühlmäusen helfen die üblichen Mittel wie Fallen (auch wenn sie noch so kompliziert sind) oder das Einleiten der Auspuffgase in ihre Gänge so gut wie nicht. Wenn man also schon keinen modernen Landwirt in der Nähe hat, sollte man zumindest einen Dachs oder Ringelnattern in seinen Garten locken. Das sind die einzig verläßlichen heimischen Wühlmausliebhaber. Katzen jagen sie zwar gelegentlich, legen sie dann aber ungefressen vor die Haustüre – kein ermunternder Anblick. Und Hunde? Hunde graben zwar eifrigst nach ihnen, erwischen sie aber nie.

›Akrobat Schön‹... !

Mai – die Iris-Wonnen

Daß es nun seit Wochen schon so warm und trocken ist, grämt zwar die Landwirte, aber es ist das ideale Wetter für all die ursprünglichen Anatolier-, Perser- und SyrerInnen meines Gartens. Ich spreche von Iris in allen Farben und Formen mit ihren kunstvoll gefälteten Blüten, die nicht nur in Frankreich, dort allerdings als Lilie verkannt, zu Wappenehren gelangte, sondern bereits von ägyptischen Pharaonen als Siegeszeichen vorangetragen wurde. Ihre Namenspatronin, Iris mit den geflügelten Schuhen, führte die weiblichen Seelen in die Unterwelt, und in der Türkei werden Grabsteine für Frauen nach Irisblüten geformt.

Es ließe sich noch eine Menge zum Symbolwert der Iris sagen, aber ungeachtet ihrer historischen und sonstigen Bedeutsamkeit liebe ich sie schlicht ihrer Gestalt wegen. Die lindgrünen, spitz zulaufenden Blattschwerter (daher auch der Name Schwertlilie) sind schon für sich schön anzuschauen, die Blüten aber sind geradezu überirdisch.

Genaugenommen ist Iris, wenn man sich mit den gängigen *Iris germanica*-Sorten von Violettblau bis Lavendelblau begnügt, geradezu pflegeleicht, wenn sie einigermaßen artgerecht steht, nämlich in voller Sonne, ohne Staunässe und in einem Boden, der aus Lehm, Sand und Humus gemischt ist. Sie braucht kaum Dünger und sollte jedes dritte bis fünfte Jahr geteilt werden. So weit, so gut. Aber wer, der tatsächlich einen Narren an Iris gefressen hat, begnügt sich schon mit den gängigen Sorten? Mich interessiert immer, was eine Art sonst noch kann. Denn alles, was Züchter im Lauf der Zeit aus ihr herausholen, muß in ihr drin, sprich angelegt sein.

Es fing an, wie es meistens anfängt. Die ersten Exemplare, von einem Freund aus seinem Garten in der Nähe von Stuttgart hierher verschleppt, gediehen ohne Aufwand – das brachte mich auf den Geschmack. Ich bestellte die Pflanzenkataloge rauf und runter, nach Beschreibung, Namen oder Gutdünken, mit mehr oder weniger Erfolg. Aber selbst in den verregnetsten Frühsommern haben mich die Irisse insgesamt nie im Stich gelassen, auch wenn die eine oder andere Sorte gelegentlich pausierte.

Eines Tages entdeckte ich dann die Zwerge, *Iris barbata nana*. Üblicherweise habe ich für Zwergformen nicht viel übrig und halte sie eher für manieriert. Bei Iris ist das anders, da sind die Zwerge wie kleine Clowns, die die hübschesten Köpfe zur Schau tragen, ohne sich groß in Positur zu werfen.

Hohe Bartiris

Wie im Casino, wo man am Anfang immer gewinnt, bis das Schicksal dann die Zähne zeigt, hatte ich mit meinem ersten Zwerg ungemein Glück. Er hieß ›Gingerbread Man‹, und ich setzte ihn, einer Eingebung folgend, zwischen die Terrassensteine. Schon im nächsten Jahr blühte er gleich mehrfach in apartem Kupfer mit Blau, von da an gab es kein Halten mehr. Ich bestellte ›Candy Apple‹, ›Regards‹, ›Cherry Garden‹, ›Blue Beret‹, ›Green Spot‹, ›Knick Knack‹ usw.

Bald stellte sich heraus, daß auch andere, robustere Pflanzen den Komfort zwischen den Terrassensteinen (die Wurzeln lassen sich unter den Steinplatten feucht und kühl halten, während alles andere in der Sonne brät) zu schätzen wußten. Ein unbarmherziger Verdrängungswettkampf setzte ein. Da auf der Terrasse auch gegangen wird, pflanzte ich die Iriszwerge zu ihrem eigenen Frommen an den Rand, gegen das große Sonnenbeet zu, das sich von Jahr zu Jahr üppiger gebärdete und so natürlich die Zwerge bald dermaßen überschattete, daß ich sie umsetzen mußte.

Das nächste Beet erwies sich als ähnlich ungeeignet. Die Zwerge blühten, solange sie unter sich blieben, dann nahmen die aufkeimenden Konkurrenten ihnen Licht und Platz weg, ja sie genierten sich nicht, sich sogar zwischen ihre Rhizome zu setzen. Aber Schwierigkeiten dieser Art lösen bekanntlich den ›Jetzt-erst-recht‹-Reflex aus. Inzwischen dachte ich, Töpfe wären das richtige, und setzte sie alle in Schalen und Tröge, aber das mochten sie am allerwenigsten. Töpfe im Dauerregen: brrr!

Ich ging also neuerdings mit ihnen auf Wanderschaft. Nachdem ich den hangseitigen Steingarten von all den Wucherern, die sich mittlerweile auf ihm breitmachten, gerodet hatte, übersiedelte ich die ganze Sammlung, wie ich meine jährlichen Zukäufe nicht ohne Stolz zu nennen pflege, in einen Miniatursteilhang, hoffend, sie würden in dieser Lage nicht nur heftigen Regenfällen, sondern auch dem Schneedruck standhalten, und siehe da, sie tun es und haften nun wie Hochalpinisten zwischen den Felsen. Gelegentlich blühen sie, wenn auch nicht ganz so freudig, wie ich es mir erträumt hatte, aber als wahrhaft liebende Seele wird man in seinen Ansprüchen ohnedies recht bescheiden. Und eigentlich könnte ich sie, bis auf das bißchen Jäten, sich selbst überlassen, wäre da nicht der Vandalismus der Schnecken. Von wegen Fäulnisfresser! Sie raspeln in die frischesten Blätter – leider völlig undekorative – Muster, anstatt auf dem Komposthaufen zu bleiben, wo es genügend Welkes gäbe, womit sie sich den Bauch vollschlagen könnten. Aber nein, es müssen frisch geschlüpfte Zwergirisblätter sein.

Iris elegantissima

Iris hin und Iris her! Iris hat sich nicht nur in meinem Garten, sondern auch in meinem Kopf festgesetzt. Und ich rede über sie. Man kann nie wissen, manchmal bewirkt dieses Reden etwas. So hat mir meine Schwägerin von ihrer letzten Reise nach Nepal Iris-Samen mitgebracht. Ich steckte ihn mitten im Sommer in eine Tonschale, stellte diese auf den Balkonsims, wo sie vor Schnecken geschützt war, aber dennoch gelegentlich im Regen stand, und vergaß ihn.

Doch, o Wunder, Ende Oktober entdeckte ich plötzlich zwei winzige Iris-schwerter, die etwa einen Zentimeter hoch aus der Erde stachen. Ob sie den Winter überstehen würden? Und was war mit den anderen Samen passiert? Hatten die Vögel sie aus der Erde geholt? Zuzutrauen wäre es ihnen.

Oder war dieser eine Keim nur ein fürwitziger Vorbote, sozusagen die Avantgarde, und die anderen würden im Frühjahr nachkommen? Wer weiß, vielleicht hätte ich dann eine ganze Kolonie zum Aussetzen.

Jedesmal, wenn einer der Zwerge zum ersten Mal zu blühen geruht, lasse ich mich auf meine steifen Jäte-Knie nieder – bei den Elatior-Sorten genügt es, zu hocken – und bewundere gebührend, was zu bewundern ist. Ich stelle ihn den anderen als leuchtendes Beispiel hin: »Seht ihr? So geht es nämlich auch. Wie wäre es allseits mit Blühen?« Ich mache Fotos und bin überzeugt, daß es nichts Schöneres gibt.

Bis mir dann etwas widerfahren ist, das Tiefschlag und Glücksmoment in einem bedeutete. Es handelt sich um meine Begegnung mit *Iris elegantissima*, die mich für einen Augenblick alle anderen Iris-Sorten vergessen ließ. Es war an einem 9. Mai in Nymphenburg, im Botanischen Garten München.

Da stand plötzlich die ›Erlesene Schwertlilie‹, wie die gebürtige Perserin auf deutsch heißt, vor mir, wohl verwahrt hinter Glas in einem Kalthaus, mit fünf makellosen Blüten, verteilt auf zwei Töpfe, so unerreichbar wie nur etwas und doch so nah, daß ich das Kunstwerk ihres cremefarbenen Doms und der kakao-braun-vanillefarben gemaserten Hängeblätter eingehend betrachten konnte. Einfach überwältigend.

Sie gehört zu jenen Iris-Wundern der Regelia-Oncocyclus-Klasse, von der Rudolf Borchardt in seinem Buch *Der leidenschaftliche Gärtner* schwärmt, wobei er gleichzeitig bedauert, »daß wir nur eine einzige ›leichte Art‹, *Iris susiana*, kultivieren. Kein Wunder, daß vorderasiatische kriegsgefangene

Völker sie nach Ausweis der Wandgemälde den Pharaonen als Landestribut darbringen konnten.« Allerdings sollen sie sich außerhalb ihrer Heimat nur mit größter Schwierigkeit anbauen und erhalten lassen.

In München ist es jedenfalls geglückt. In einem Buch habe ich einmal *Iris basaltica*, die ebenfalls zu jener Susiana-Gruppe gehört, abgebildet gesehen, aber angeboten habe ich auch sie noch in keinem Katalog gefunden.

Seit meiner Begegnung mit *Iris elegantissima* zermartere ich mir den Kopf, wie ich an ein Exemplar davon kommen könnte. Es scheint so gut wie aussichtslos. Nicht einmal die Gräfin Zeppelin führt Irisse aus der Susiana-Gruppe. Aber vielleicht findet eine der Göttlichen dank einer Fügung des Schicksals einmal von selbst in meinen Garten. Es sind schon größere Wunder geschehen, seit die Erde sich dreht. Man darf nur im Wünschen nicht nachlassen.

Iris elegantissima

Die viel zu wenig bedankten Dankbaren

Auch ich neige dazu, den *Schwierigen* viel Schrift zu widmen. Pflanzen, die einen meist nur einmal im Jahr mit Blüten belohnen, die dann – wie meine hartnäckig umworbenen Zwergiris-Sorten – bloß zwei bis drei Tage zu bewundern sind. Vom Austrieb bis zur ersten Knospe werden die Daten solcher Pflanzen registriert, und wenn sie dann endlich zu blühen geruhen, spare ich nicht mit poetischen Formulierungen und oft ziemlich weit hergeholten Vergleichen, um mir die kurze Zeit ihres tatsächlichen Erscheinens so gut wie möglich einzuprägen, damit ich sie das Jahr über nicht vergesse.

Was habe ich mir nicht schon über einzelne alte Rosensorten, verschiedene Lilien, natürlich Iris, aber auch so herrliche Gewächse wie *Fritillaria persica* oder *Fritillaria acmopetala* den literarischen Kopf zerbrochen, und nicht nur den literarischen. Wenn ich daran denke, was ich schon alles angestellt habe, um Türkenbundlilien nicht nur zum Blühen, sondern auch zum Bleiben zu veranlassen oder Madonnenlilien im Topf über die Jahre zu bringen, was nicht gelingen will. Die frischen Zwiebeln kommen verläßlich, aber nach zwei, drei Jahren wollen sie nicht mehr, da kann ich die Erde mischen, wie ich will, sie scheinen einfach keine Lust mehr zu haben.

Mit einem Wort, der Aufwand, den mir diese Primadonnen abverlangen, steht in keinem Verhältnis zur Kürze ihres Auftritts. Sagt die Vernunft.

Aber wie man weiß, spricht das Herz eher unvernünftig, und allen Klagen zum Trotz fügt man sich im nächsten Jahr wieder in die Fron, spart weder mit Aufmerksamkeit noch mit Pflege, nur um ein paar Tage in den Genuß ihres Blühens zu kommen.

Wenn ich mir dann die Fotos anschaue, die ich so zum Hausgebrauch von den Pflanzen in meinem Garten und vom Garten als Ganzes mache, muß ich feststellen, daß sie eine andere Sprache sprechen. Da sind es dann weniger die einzelnen *Schwierigen* (die Rosen einmal ausgenommen), die viel hermachen und dem Garten sein charakteristisches Erscheinungsbild verleihen, sondern jene *Dankbaren viel zu wenig bedankten*, die lange Zeit blühen, ihre Form halten und sich fast unbemerkt in die verschiedenen Lücken setzen, so als hätten sie einen Sinn fürs Gesamtbild und wüßten, wo ihre Farbe am besten zur Geltung kommt oder ihre Gestalt den idealen Kontrast bildet.

Manche von ihnen haben als *Schwierige* begonnen, das heißt, es dauerte unter Umständen Jahre, bis sie sich entsprechend akklimatisiert oder ihre

Vorhergehende Seiten: Präriemalven mit Elfenbeindisteln

Wurzeln so weit ausgestreckt hatten, daß sie ihre Energie in Blätter und Blüten stecken konnten. Mein *Acanthus spinosus* ist so ein Fall. Jahrelang hat er vor sich hin gekümmert und so getan, als könnte er in meinem Garten nicht existieren. Er trieb aus, fror zurück, lag ermattet am Boden, vergilbte, zog ein, um es im nächsten Jahr wieder zu versuchen. Nach einigen Jahren verlor ich die Geduld und riß ihn aus (oder zumindest dachte ich, daß ich ihn ausgerissen hätte), um im nächsten Jahr an seine Stelle etwas Lohnenderes zu pflanzen.

Im darauffolgenden Winter schien er es sich dann überlegt zu haben, denn im Frühjahr beeilte er sich dermaßen, respektive das, was von den zwei Exemplaren meinem Anschlag entgangen war, und trieb so früh aus, daß ich nur mehr gebannt zuschauen konnte und gar nicht mehr daran dachte, etwas anderes zu setzen. Und er fror nicht zurück, sondern wuchs und wuchs und streckte schon im Juni die ersten creme-rosa-violett-farbenen Blütenkerzen zwischen seinen herrlich gezackten Blättern hervor. Die Kerzen wuchsen weiter, bis tief in den Juli hinein, und blieben dann bis zum Oktober aufrecht stehen.

Das tun sie mittlerweile Jahr für Jahr und völlig problemlos. Die Büsche werden immer kräftiger, vermehren sich, wenn auch in Maßen, nicht so wild wie jene andere Dankbare, *Eryngium giganteum* oder ›Miss Wilmott's Ghost‹, nach der berühmten englischen Gärtnerin, die ihre Samen heimlich in fremden Gärten auszustreuen pflegte. Nach einem eher zögerlichen Start schickte diese Elfenbeindistel sich an, die Terrasse zur Gänze zu erobern, was ich ihr nur bedingt gestatten konnte. Irgendwann, ganz zu Gartenanfang, hatte ich ein Exemplar gekauft und es an den obersten Rand des Hanges gesetzt, der nun eine Margeritenwiese ist. Es wuchs, blühte und war verschwunden. Jahre später erst ging seine Saat auf. Wahrscheinlich hatte die Aussicht auf warme Terrassensteine, unter denen man die Wurzeln feucht und kühl halten kann, die Samen schließlich zum Leben erweckt. Nun versorge ich alle Nachbarinnen, die Gestecke machen, mit Elfenbeindisteln und muß im Frühjahr dennoch viele roden, wenn ich auf der Terrasse noch gehen will.

Auch gibt es eine Reihe von anderen Pflanzen, die auf die Terrassensteinfugen versessen sind. Ein in dunklem Lachsrosa blühendes Fingerkraut zum Beispiel, das von wer weiß woher den Weg in meinen Garten gefunden hatte und dann schon im ersten Jahr das große Sonnenbeet verließ, um sich ausschließlich zwischen den Terrassensteinen auszubreiten. Da es nicht sehr hoch wird und tatsächlich von Juni bis September durchblüht, habe ich nicht das Herz, es auszureißen. Und weil es so hübsch ist und keinerlei Pflege bedarf, möchte immer wieder jemand etwas davon für seinen Garten haben, so daß ich es nicht einmal zu roden brauche wie die Elfenbeindisteln, die man, wenn sie einmal höher als 3 cm sind, nicht mehr verpflanzen kann. Ihre Pfahlwurzeln schrauben sich nämlich im Boden fest, und die Sämlinge wachsen viel zu schnell. Kaum bemerkt man sie, sind sie schon zu groß, um sie noch verschenken zu können.

Aber auch Erdbeeren lieben die Terrasse, begnügen sich mit den schmalsten Ritzen und tragen von Juni bis Ende September. Natürlich nicht so üppig wie die der Erwerbsgärtner, aber fürs Joghurt reicht es immer noch. Und dafür, daß sie weder Zeit noch Mühe kosten, sich selbst vermehren und die ihnen bekömmlichsten Plätze finden, muß man ihnen diesen Platz schon auch gönnen.

Sie werden sich langsam fragen, ob ich auf diese Terrasse überhaupt noch einen Fuß setzen kann. O ja – wenn auch nur mit Umsicht. Zum Glück sind einige der *Dankbaren,* wie die Akeleien, die natürlich ebenfalls ein paar Fugen besetzt halten, kurzlebig und nehmen, sobald sie verblüht sind, kaum mehr Platz ein. Auch macht es ihnen dann nichts aus, wenn man ihnen gelegentlich auf die Zehen steigt.

Zu jenen anspruchslosen ästhetischen Gartenrettern gehören auch die Malven. Ich weiß gar nicht mehr, ob ich das erste Exemplar einer rosa blühenden, bis zu eineinhalb Meter hoch werdenden Sorte geschenkt bekommen oder bewußt gekauft habe. Tatsache ist, daß diese Malve nun überall im Garten

Erdbeeren und
Gundelrebe nützen
die Terrassenfugen

auftaucht und mit ihren tief eingeschnittenen Blättern und ungefüllten Blüten auch überall hinpaßt. Sie trotzt Schnecken, anhaltendem Regen, Trockenheit und Wind und blüht von Juni bis September, ohne daß man auch nur ihre abgeblühten Petalen abzupfen müßte. Diese vertrocknen sehr schnell und fallen dann von selber ab. Ihr einziger Nachteil ist, daß sie gelegentlich zu Chlorose neigen.

Nicht ganz so robust und unentwegt sind die Präriemalven, *Sidalcea hybrida* ›Rosanna‹ zum Beispiel, mit ihren grün glänzenden Blättern, deren tiefrosafarbene Ähren im Juli und August blühen. Dafür sehen sie ein wenig aparter aus, vermehren sich aber nicht von selber (zumindest bei mir nicht), so als genüge es ihnen, bloß bescheiden anzumerken, was Malven sonst noch alles können.

Und wenn wir schon bei den Malvenartigen sind, soll natürlich auch die Stockrose *Alcea* erwähnt werden. Bei mir wächst seit vielen Jahren eine in manchen Sommern beinah schwarz blühende Sorte, die gegen die weiße Hauswand, von der sie gleichzeitig geschützt und gestützt wird, wunderhübsch aussieht. Doch gehört sie nicht wirklich zu den problemlosen Selbstaussäern. In feuchten Sommern – und im Salzkammergut gibt es viele feuchte Sommer – werden ihre Blätter derart vom Rost zernagt, daß ich sie kaum mehr anschauen mag. Auch blüht sie dann in einem mir nicht sehr angenehmen Schwarzrot, mit der Betonung auf Rot. In diesem Jahr aber, in dem seit Ostern quasi Sommer ist, hat sie geradezu makellose Blätter und sieht zum Verlieben aus.

Es ist erstaunlich, wie viele Pflanzen einem zulaufen, wenn man sie nur läßt. Eine Art Waldglockenblume mit behaartem Stamm und vielen länglichen violettblauen Glocken, insgesamt etwa 60 bis 80 cm hoch, hat sich vom Waldrand her in meinen Garten geflüchtet und scheint ganz versessen auf gute Erde zu sein. Am liebsten gesellt sie sich zu Rosen, aber auch in dem kleine Beet am Fuß der Akebien, in dem es im Frühjahr Tulpen, Anemonen, danach eine riesige mehrjährige Lupine und mehrere üppige *Sedum telephium*-Horste gibt, nützt sie Zwischenzeit und Zwischenraum.

Und wie es aussieht, hat sie vor, sich weiter im Garten auszubreiten. Meinen Segen dazu hat sie. Genauso wie die vielen anderen Einwanderer, karminrote Lichtnelken, Mutterkraut und Wiesenstorchschnäbel. Ich betrachte sie als liebenswürdige und zugleich nützliche Geschenke, die Löcher und kahle Stellen verdecken und immer wieder das Auge erfreuen, ohne einem irgend etwas abzuverlangen, außer sie ein wenig zu jäten, wenn sie überhandnehmen.

Haustierwechsel

Es war nicht so, daß ich eines Tages in einer Gartenzeitschrift einen Rosenbogen gesehen und sofort beschlossen hätte, mir einen zuzulegen. Die
Idee reifte langsam und hartnäckig, bis sie zur *fixen* Idee wurde. Die erste und
wichtigste Frage, die sich dazu stellte, war: wo?

Ich begann also zu überlegen, und da vor meiner Nase gebaut werden sollte,
hatte ich ohnehin schon mit einer Hecke geliebäugelt. Nicht mit irgendeiner, es
mußte schon eine prachtvolle, ins Auge stechende sein, sollte sie mir doch den
Dachstein-Blick ersetzen.

Ich entschied mich nach langem Hin und Her für eine Blutbuchenhecke,
erstens weil ich eine Schwäche für diese Färbung habe, was all die Bluthaseln,
Blutberberitzen, die Blutpflaume und der wunderbare Perückenstrauch in
meinem Garten bezeugen. Zweitens hatte ich in natura noch nie eine großzügig
angelegte Blutbuchenhecke gesehen, und drittens weckte sie Erinnerungen an
die riesige Blutbuche im Garten meiner Kindheit.

Ich fing an, den herbstlichen Garten unter dem Blickpunkt eines Rosenbogens zu betrachten. Eigentlich blieb nur der Fuß des südlichen Abhangs an
einer kleinen Privatstraße, während die Einfahrt an der größeren Straße liegt,
aber die wäre für einen Rosenbogen ohnehin zu breit gewesen. Dennoch, die
Frage lautete noch immer: wo genau?

Dann kam der Schnee und mit ihm die Antwort. Tiere sind, wie die meisten
Menschen auch, Gewohnheitstiere. In der Nachbarschaft gibt es eine Reihe
von Haustieren, die es sich zur Gewohnheit gemacht haben, mich mehrmals
am Tag zu besuchen. So als gingen sie auf einen Schluck, einen Bissen und
gelegentlich auf ein Nickerchen (hier nennt man das *diwandeln*) ins nächst-
gelegene Wirtshaus.

Ich werde aus diesem Grund nie saubere Fenster haben, da die Katzen sie
tagtäglich vollschmieren, wenn sie sich mit rotziger Nase und nassen Pfoten
bemerkbar machen, aber auch nie mit Futterresten verkrustete Katzenschüssel-
chen, denn der sogenannte *Kampfdackel*, eine streitbare Hundedame aus der
Umgebung, schleckt alles spiegelblank.

Beinah immer, wenn ich die Küchentüre öffne, um frische Luft zu schöpfen, stürmt irgend jemand herein, manchmal auch größere Hunde, die nur am
Wochenende oder in den Ferienwochen hier wohnen und einfach der Spur
gefolgt sind.

Kater Maxi über einem Topf mit Thymian

Und diese Spur gab schließlich den Ausschlag. Plötzlich sprang mir ins Auge, daß offensichtlich alle Tiere auf demselben Weg den Hang heraufkamen. Im Schnee war das deutlich zu sehen. Der Dackel hatte vorgetretelt, und die Katzen stapften, ob aus purer Bequemlichkeit und um sich den Bauch nicht naß zu machen oder weil auch ihnen dieser Weg als Direttissima galt, in der Hundespur zum Haus herauf. Ich hätte Gift darauf nehmen können, daß nachts auch die Rehe und sogar die Hasen diese Route bevorzugten. Und da alle ganz genau wissen, wer wann um die Wege ist, lassen sich unliebsame Begegnungen ganz gut vermeiden.

Die Spur hatte ich auch schon in den Jahren davor bemerkt, sie aber nie weiter beachtet. Doch nun war mir klar geworden, daß ein Rosenbogen nur über diesem *Haustierwechsel* stehen konnte. Und ich bilde mir ein, den Dackel dabei beobachtet zu haben, wie er, als er das erste Mal durch den Rosenbogen trottete, stutzte und mit dem Schwanz wedelte. Es kann aber auch sein, daß ihn nur der Geruch nach frischer grüner Farbe, die ich gerade aufgetragen hatte, verwunderte.

Mittlerweile benützen auch Menschen den Haustierwechsel, vor allem im Sommer, wenn ich auf der Terrasse schreibe und die Hausglocke nicht hören kann oder will. Die winterliche Spur ist aber die bei weitem überzeugendere.

Nachdem das Wo geklärt war, hatte ich mich auch noch um das Wie des Rosenbogens zu kümmern.

›Bonica‹-Rose

Da der Winter hier rauh und der Boden steinig ist, sollte es ein stabiles Stück sein, robust genug, um dem vielen Schnee, der beim Fräsen der darunter liegenden kleinen Straße auf ihn fallen würde, standzuhalten. Also ließ ich mir von einem Schmied einen anfertigen, mit mehreren Längs- und Querstreben, der dann von zwei Männern tief genug in die Erde gerammt wurde, um Wind und Wetter zu trotzen, nicht wie der wesentlich kleinere aus Plastik, den ich probehalber bei einem Gartenversand bestellt hatte und der dann im umzäunten Gärtchen landete, wo er wahrscheinlich nur deshalb noch steht – wackelig, wie er von Haus aus war –, weil die Himbeeren ihn derart überwuchert haben, daß er gar nicht umfallen könnte, selbst wenn ihm danach zumute wäre.

Die Frage aber, die am längsten zu ihrer Entscheidung brauchte, war, welche Rose den Rosenbogen erst zu einem solchen machen sollte. Ich gustierte lange und schwankend in meinen Vorlieben, verstieg mich in Durftorgien und Farbräusche und litt unter dem Zwang zur Beschränkung, schließlich hatte ich nur einen Rosenbogen, der diesen Namen verdiente.

Nach langer Rücksprache mit dem hiesigen Gärtnermeister wurde es dann mit Rücksicht auf ihre Strapazierfähigkeit ›New Dawn‹, und ich habe es bis heute nicht bereut. Sie treibt seidig schimmernde, halbgefüllte, hellrosa Blüten, die gut zu dem Rot der Blutbuchenhecke passen, und duftet sogar, frisch und nicht sehr intensiv, aber merkbar.

Und nichts kann ihr etwas anhaben, weder Schnee noch Krankheiten. An ihrer Üppigkeit scheitern sogar die Junikäfer. Und was die Rehe abknabbern, verdeckt sie mit neuer Fülle. Sie ist mehr oder weniger dauerblühend, macht im August eine Pause und blüht dann im September kräftig nach.

Da sich ihre Triebe bis zu viereinhalb Metern strecken können, hätte es wohl genügt, eine ›New Dawn‹ zu setzen, aber ich wollte den Bogen von beiden Seiten bewachsen lassen. Man ist viel zu ungeduldig, wenn es darum geht, eine Idee in die Tat umzusetzen. Nun habe ich meine liebe Not mit dem Schneiden. Wenn ich sie wachsen lasse, wie sie möchte, läßt sie bald niemanden mehr unter ihrem Bogen durch, führt sich auf wie die Hecke in *Dornröschen*, und wenn ich dann notgedrungen versuche, ihr Einhalt zu gebieten, wehrt sie sich dermaßen energisch, daß ich meist mit einer Reihe von Blessuren vom Tatort scheide. Falknerhandschuhe müßte man haben, aber ob man mit denen eine Rosenschere halten kann, ist die Frage.

Ich überlege schon, ob ich ihr nicht demnächst eine sehr frühe und eine eher späte Clematis beigeselle, nicht um sie zu zähmen, das wird auch einer

Clematis nicht gelingen, aber um ihren hell aufschäumenden Blüten noch ein paar farbige Sterne aufzusetzen. Ich denke dabei an eine hellblaue *Clematis alpina* für die Zeit vor und während der ersten Rosenblüte und an eine *Clematis viticella* für die Zeit des Remontierens. Oder an eine ›Kermesina‹ in Malvenrosa zum Beispiel oder an eine ›Minuet‹ in Cremeweiß mit dunkelrosa Umrandung.

Wehrhaft wie ›New Dawn‹ ist, bräuchte es keines martialischen Zusammenhangs mehr, um ihren Charakter zu unterstreichen. Aber da ich nun einmal mit ihrem Dornröschengehabe in Gedanken zu spielen begonnen hatte, konnte ich der Idee von Torlöwen nicht mehr widerstehen. Wobei es natürlich nicht um solche aus Stein gehen konnte, sondern um Pflanzen, die diese Funktion zu erfüllen hätten. Auch sollten sie nicht außerhalb der Hecke, sondern innerhalb stehen. Eher um Besucher nicht weg- als nicht hereinzulassen. Ich überlegte und blätterte ausführlich in den einschlägigen Katalogen.

Merkwürdig, daß man das, was man sucht, meist unbewußt findet. Ich ging die Namen all der herrlichen Pfingstrosen durch, auf die ich schon lange ein Auge geworfen hatte. Aber wie sich für eine entscheiden, wenn die Auswahl so groß ist? Da fiel mein Blick auf den Namen *Paeonia* ›Chocolate Soldier‹, eine braunrote, einfach gefüllte, etwa 60 cm hoch wachsende Hybride.

Da hatte ich meinen Torlöwen, in einer Farbe, die mir zusagte, von der Größe her eher standfest und mit zwei Reihen wunderhübscher, umgewandelter Staubgefäße. Und während ich noch sinnierte, stieß mein Blick auf ›Man o' War‹, dunkelrot, etwas höher, mit riesigen gelben Staubgefäßen und einem gewellten Rand.

Nun stehen die beiden am Fuße des Rosenbogens, sozusagen als Leibgarde für ›New Dawn‹, und ›Chocolate Soldier‹ hat sich bereits im ersten Jahr nach seiner Verpflanzung mit einer einzelnen, herrlichen Blüte erkenntlich gezeigt.

Kletterrose
›New Dawn›

Gartenzier

Zwölf Jahre lang habe ich dem Argument, ohne Wasser kein Garten, widerstanden. Warum sich im Garten ein Wasserloch graben lassen, wenn man von der Veranda aus den Altausseersee sehen kann? Ich redete tatsächlich immer nur von einem *Wasserloch*, wahrscheinlich um das Ganze selbst in Gedanken gründlich herunterzuspielen. Und überhaupt: die Mücken, die Algen, die Kosten.

In diesem dreizehnten Jahr unseres Gartens aber schlug meine Meinung um. Ich kann nicht einmal genau sagen, wann und aus welchem Grund. Die Sinnesänderung kam wohl auf leisen Krötenfüßen in mein Bewußtsein gewatschelt. Viel dazu beigetragen hat natürlich die südliche Ecke am Fuß des Geländes, die kaum wahrzunehmen war, bis ich dann im letzten Jahr ein rundes Beet ausstach und darin rote Sonnenblumen mit Ringelblumen und Kapuzinerkresse zu ihren Füßen pflanzte. Die Köpfe der Sonnenblumen waren zwar von der Terrasse aus zu sehen, doch hatten sie schlußendlich eine Höhe von 2 1/2 bis 3 m erreicht, und ich hatte meine liebe Not, sie mit Schnüren an Stangen und aneinander festzubinden, damit der Wind sie nicht knickte oder gar flachlegte. So interessant die roten Sonnenblumen auch wirkten, die Stützvorrichtungen trübten den Anblick. Irgendwie war das Ganze doch keine so gute Idee gewesen.

Mir tat es um die Ecke leid. Da der Hang so stark abfiel, bedeutete sie Platz, der nicht entsprechend genutzt wurde, und alles, was weniger spektakulär als die roten Sonnenblumen war, wäre in ihr auch gar nicht aufgefallen. Nur wenn der Schnee hoch lag, und der schoppte sich natürlich an der Blutbuchenhecke unten am Sträßchen, trat die Eckenfläche tatsächlich als freier Raum in Erscheinung. Und an einem jener glitzernden Harschtage, an denen der Heckenschatten sich dunkelblau an den Hang schmiegt, begann ich mit einem Mal Wasser zu halluzinieren. Wasser in einer runden Form, das man von der Terrasse aus sehen könnte.

Bald darauf sprach ich mit dem hiesigen Gärtner, der mir erklärte, daß er des Wasserspiegels wegen den Teich natürlich aufbocken müsse. Auch überredete er mich zu einem kleinen, gewundenen Zulauf, denn, meinte er, bei allen anderen Kunden hätte er Gelände aufschütten müssen, um das nötige Gefälle zu gewinnen, während ich dieses Gefälle von Natur aus hätte. All meine Kühnheit zusammennehmend, stimmte ich zu. Ich spreche deshalb von Kühnheit, weil ich kein besonders gutes räumliches Vorstellungsvermögen habe, und obwohl ich selber den Gartenschlauch ausgelegt hatte, um den Umfang meines *Wasserlochs* zu bestimmen, konnte ich mir nicht wirklich vor Augen führen, wie es im Endeffekt aussehen, und noch weniger, wie es wirken würde. Ich zitterte also dem Glücken des Ganzen entgegen. Hinzu kam, daß die beiden Teichgräber kurz nach Ostern bei Regen und Graupelschauern zugange waren und das Loch, das sich auftat und wie ein Krater klaffte, aus dem der Matsch hervorquoll, nicht gerade ermutigend wirkte.

Nach zweieinhalb Tagen war es vollbracht. Und als ich mich getraute, das Werk in aller Ruhe und Ausführlichkeit in Augenschein zu nehmen, hatte ich nicht nur einen Teich, in den ein kleiner Bach plätscherte, sondern auch einen neuen Steingarten. Das Aufbocken war nämlich durch einen Wall aus Steinen geschehen, unter deren oberster Schicht die Teichfolie befestigt worden war. Steine, deren Fugen sich bepflanzen ließen – das überzeugte mich. Abgesehen davon, daß der aufragende Teich das ganze Grundstück größer erscheinen ließ und man nun von der Terrasse aus tatsächlich Sicht auf ihn hatte.

Das Eckenproblem war somit gelöst, und ich träumte bereits von Seerosen, Binsenlilien, Wasseriris, Hornblatt und ähnlichen Wasserschönheiten. Aber da meinte der Gärtner, dessen Auge ebenfalls wohlgefällig auf dem Werk seiner beiden Teichgräber lag, ich solle mich noch bis in den Mai hinein gedulden, die Wasserpflanzen hätten es nämlich nicht gerne, wenn sie ins eiskalte Wasser gesetzt würden, auch wenn sie von der Art her winterhart seien.

Ich geduldete mich also und fing dennoch an, in den Katalogen reihenweise Pflanzen anzukreuzen, die ich vor allem rund um den Teich und zwischen die Steine setzen wollte. Ich dachte an eine Engelwurz, die sich in der Achsel zwischen Blutbuchenhecke und Steinwall apart ausnehmen würde, und an einen bestimmten Wasserdost, *Eupatorium rugosum* ›Chocolate‹, für die andere. Eine *Clematis maximowicziana*, eine weiß blühende Wilde, sollte an der hölzernen Stange hochklettern, die ich als Lande- und Aussichtsplatz für die Vögel gedacht hatte, eine Waldschmiele namens ›Bronzeschleier‹ würde wohl gut vor *Angelica gigas* passen …

Jeder, der schon einmal Pflanzenkataloge studiert hat, weiß um deren verführerische Wirkung. Die Liste der angekreuzten Sorten wird von Seite zu Seite länger, und die Qual der Wahl nimmt folterartige Ausmaße an. Manchmal hilft dann eine Prise Realität, nämlich der Besuch der Staudengärtnerei, die den Katalog geschickt hat, um zumindest eine deutlichere Vorstellung vom

Platz zu bekommen, den die gewünschten und angekreuzten Exemplare einnehmen würden. Auch hilft die Größe des Kofferraums ein wenig bei der Entscheidung und daß man für die Ausbeute an Ort und Stelle zu bezahlen hat.

Ich verhehle nicht, daß die Freundin und ich den Platz im Auto voll genutzt haben. Zum Glück brauchen die kleinen Alpinen für die Fugen im neuen Teichsteingarten, einzeln gesehen, wenig Platz, aber es läppert sich …

Bis es jedoch soweit war, daß alles gepflanzt werden konnte (manches war frisch getopft und mußte erst gut durchwurzeln, bevor man es der rauhen Ausseer Natur aussetzen konnte), blieb noch Zeit genug, sich Gedanken über nichtpflanzliche Gartenzier zu machen.

An den Teich gehört etwas, hatte der Gärtner gemeint, und ich mußte ihm recht geben. Da ich mir aber Skulpturen von den Künstlern, die ich wirklich schätze, nicht leisten kann, bevorzuge ich Holz und Steine in ihrer natürlichen Form. Jeder Gang durch den Wald verwandelt die Nachbarin und mich in Nachkommen jener frühen Jäger und Sammler, von denen die Menschheit herstammt. Wobei wir eher zu den Sammlern gehören, zu denjenigen also, die nie mit leeren Händen von einem Ausflug zurückkommen. Bizarr geformte Steine oder bedeutungsvoll gegabelte Hölzer (wir holen uns jedes Jahr von den Bundesforsten eine Sammelerlaubnis), Äste, in die Steine eingewachsen sind, Steine, die die Form von Tieren haben … der Phantasie sind keine Grenzen gesetzt.

Die Skulptur, die nun am Scheitelpunkt meines Teiches thront, geht auf einen solchen Fund zurück. Letztlich war es eine besonders dicke Astgabel, die seit Jahren hinter einem Gebüsch gelegen war, bis sie, von uns ans Licht gezerrt, nach Hause transportiert und von der Nachbarin zurechtgeschliffen, zur *Dame ohne Oberleib* beziehungsweise zur *Schönen von der Blaa-Alm* (ihrem Fundort) wurde.

Auch Flußbetten und Seeufer erweisen sich als üppige Fundstellen. Die Wurzelstöcke längst gefällter oder vom Sturm ausgerissener Bäume, die bereits die Rinde verloren haben und vom Wasser gebleicht wurden, sind wesentlich schöner anzuschauen als jede 08/15-Figur. Auch kann der Kontrast zwischen totem Holz und lebendigen Pflanzen sich wirklich sehen lassen und übertrifft das übliche Kunsthandwerk an Einmaligkeit bei weitem.

Das Schönste an Nichtpflanzlichem im Garten aber sind Steine. Steine in jeder Form und Größe. Kleine, die man bei manchen Pflanzen geradezu als Heizung verwenden kann (sie speichern tagsüber die Wärme und geben sie nachts ab), größere, die das abschüssige Gelände strukturieren, und die ganz großen, die wie Wächter ins Land schauen und in ihrer massiven Art tatsächlich

Miniseerose
›Fabiola‹

so etwas wie ein Zeichen setzen. Sie sind Individuen, beinahe hätte ich gesagt, Wesen, die wahrscheinlich uns alle im Garten überdauern werden, und manche von ihnen bergen Figuren in sich, die auch ohne einen Bildhauer, der Hand an sie legte, sichtbar werden.

Ich habe zwei dieser steinernen Schutzwesen an der Einfahrt im Gras stehen. Das eine heißt *Soliman der Prächtige*, das andere, besser gesagt, die andere, ist *die Krötenkönigin*. Beide begegneten mir auf höher gelegenen Waldwegen, und beide fielen mir in die Augen, drängten sich sozusagen in mein Bewußtsein, und das auf so nachhaltige Weise, daß ich keine Mühen, nicht einmal die Notwendigkeit eines Kranwagens, scheute, um sie in der Nähe zu haben. Die *Krötenkönigin* hatte eine kleine Esche unter der Achsel, deren Wurzeln ich sogleich unter die Grassoden steckte. Sie scheint die Übersiedlung nicht übelgenommen zu haben. Ihre Form bietet sich dazu an, sie schnittmäßig wie einen Schirm für Ihro Majestät zu halten. Vielleicht gelingt es. Auch eignet sich der wandernde Schatten der beiden Großen für so manche schutzbedürftige Pflanze, die nicht den ganzen Tag in der Sonne stehen möchte und die Feuchtigkeit unter den Steinen für sich zu nutzen weiß.

Ansonsten gibt es noch ein paar Rosenkugeln, besondere Töpfe und tönerne Kröten. Mehr könnte leicht zuviel sein. Denn das Eigentliche in einem Garten sind allemal die Pflanzen. Es muß ihnen nicht unbedingt etwas beigefügt werden.

En gros und en détail

In der ersten Hälfte des Gartenjahres sind es vor allem die Hingucker, die gehätschelt, besprochen und nicht aus den Augen gelassen werden. Wenn der Garten im Juni fast nur mehr nach Rosen duftet und die Einmalblühenden sich ganz an dieses Ereignis verausgaben, kann man gar nicht anders, als den pompösen Auftritt fortwährend zu bestaunen, schließlich ist schon der nächste heftige Regen, von Hagel ganz zu schweigen, dazu imstande, die wunderbare Üppigkeit ziemlich unansehnlich erscheinen zu lassen. Es dauert dann Stunden, bis man alles Zermanschte oder vorzeitig Verblühte abgeschnitten hat, um das Bild einigermaßen wiederherzustellen.

Ähnliches läßt sich von Tulpen, Bartiris-Horsten, Lilien und Akeleien in allen Schattierungen sagen. Ihre Fülle beeindruckt, sie dominieren eine Zeitlang den Garten, spielen ihr Stück und sind auch schon wieder verschwunden. Und weil das so ist, verändert sich der Garten von Monat zu Monat, von Woche zu Woche, ja von Tag zu Tag. Selbst wenn man sich von Haus aus beschränkt – ich vermeide nach Tunlichkeit grelles Rot und grelles Gelb –, herrschen dennoch einmal die Rottöne, dann wieder die blauen vor, und selbst wenn sie sich mischen, untereinander, mit Weiß oder mit einer bestimmten Messingfarbe, wie sie die Blüten des Frauenmantels und mancher Wolfsmilcharten produzieren, die Farbe wird immer mit breitem Pinsel aufgetragen, manchmal sogar mit der Spachtel.

Im Juli, wenn Malven und Phlox dann im Beet den Ton angeben, die zarten Blütenrispen der Astilben sich dazwischenschieben und der Lavendel voll aufgeblüht ist, schaut man genauer hin und freut sich mehr an den Details, die zwar schon seit geraumer Zeit da sind und ganz ohne Theaterdonner vor sich hin blühen, die man aber bisher nicht gebührend beachtet hat. Dabei sind gerade die Details von besonderem Reiz.

Schlafmohn zum Beispiel ist ein begnadeter Selbstaussäer, der fast immer in die richtigen Lücken findet und sich mit jederlei Boden begnügt. Im Gemüsebeet und bei den Rosen wird er groß und üppig, auf kargerem Boden filigran und heller in der Blütenfarbe. Keine Ahnung, wer ihn einst in meinen Garten verschleppt hat, ein Vogel vielleicht.

Aber auch wenn der Schlafmohn sich wieder verabschiedet hat, wartet im Hintergrund, quasi als Untermalung, bereits ein weißgelbes Spanisches Löwenmäulchen *Antirrhinum glutinosum*, das sich ebenfalls selbst aussät und bis zum

Bauernpfingstrose
mit Knospe

Oktober blühen wird. Eine wenig spektakuläre Pflanze, verglichen mit den üblichen Gartenlöwenmäulchen in kräftigeren Farben, aber dafür ist es immer da, wenn man es braucht.

Auch die Rose ›Zephirine Drouhin‹, in diesem Frühjahr gesetzt, läßt sich mittlerweile dazu herbei, ihre kastanienroten Triebe auszustrecken, nachdem sie sich ziemlich lange hat bitten lassen. Wieder ein anderer Rotton und eine andere Blattform – das Bild wird immer vielschichtiger –, und ich ertappe mich dabei, wie ich frühmorgens, noch bevor ich die Außentemperatur ablese, ein paar Augenblicke davor stehenbleibe und mich bemühe, tatsächlich alle Details zu sehen, bevor ich zum weit ausgreifenden Phlox gehe, um an ihm zu riechen.

Sommerwiesen

Als ich im Atelier der Zürcher Gartengestalterin Constantia Spühler zum ersten Mal das Buch *The New Perennial Garden* von Noël Kingsbury zur Hand nahm, um ein wenig darin zu blättern, gab es mir gleich auf Seite 11 einen Stich. Da war eine wunderschöne Heuwiese abgebildet mit zwei Bergspitzen im Hintergrund. Sieht ganz genauso aus wie der Doppelgipfel des Sarsteins, dachte ich verwundert, und tatsächlich ging aus der Bildunterschrift hervor, daß diese beispielhafte Wiese sich in den österreichischen Alpen befindet. Also blieb mir gar nichts anderes übrig, als mir dieses Buch sofort zu besorgen, wenn schon ein Gartengestalter aus *god's own gardening realm*, nämlich aus England, eine österreichische Wiese, noch dazu eine in meiner nächsten Nähe, für wert befunden hatte, in seinem Buch lobend erwähnt zu werden.

Eine ganz ähnliche Wiese befindet sich oberhalb unseres Hauses. Sie wird zweimal im Jahr gemäht, gelegentlich auch geadelt, das heißt gedüngt, und ist groß genug, daß der Blick ausführlich über sie schweifen kann. Es hätte also wenig Sinn, genau dieselbe Wiese auch innerhalb des Gartens wachsen zu lassen. Dennoch liebe ich Wiese, das heißt Wiese im Gegensatz zu Rasen, der es nun einmal an sich hat, daß er gemäht und gepflegt werden will, was sich auf dem unregelmäßigen und gelegentlich auch abschüssigen Gelände als harte Arbeit erweist, vor allem auf dem südostseitigen, ziemlich steilen Hang unterhalb des Hauses.

Kurz nach dem Bau des Hauses vor etwa dreizehn Jahren, als der Boden aufgrund der Erdbewegungen – gärtnerisch gesehen – noch eine einzige offene Wunde war, hatte ich die Idee, eine große Packung Blumenwiesensamen darauf zu verteilen. Und ich tat gut daran, denn viele Sommerblumen, die den trockenen Hang mit dem durchlässigen Boden durchaus mögen würden, brauchen offenen Boden, um sich auszusäen. Daher wird dieser Hang auch jedes Frühjahr ordentlich gerecht, manchmal auch vertikutiert. Tut man das nicht, konnte ich nun auch bei Noël Kingsbury nachlesen, verkommen als erstes die Margeriten. Man kann es in den Rechenrillen aber auch mit anderen Samen versuchen.

So wird diese Wiese mit ihren Storchschnäbeln, Kuckuckslichtnelken, Margeriten, Glockenblumen und Königskerzen (um nur die Auffälligsten zu nennen) von Jahr zu Jahr bunter und schöner. Es wird nicht gedüngt, was

Margeritenwiese
mit Loser

gerade diesen Blumen gefällt, und gemäht wird erst Anfang Juli, wenn alle ausgesamt haben. Dann aber beginnt das Problem. Was nachwächst, ist eher krautig und wenig attraktiv, also muß der Hang immer wieder gemäht werden, doch das möchte ich vermeiden.

Angesichts der wunderbaren *naturnahen* Pflanzungen in den Büchern von Spühler und Kingsbury, lustet es mich immer wieder, diese Wiese in eine Form zu bringen, die auch im Juli und im August noch zum Anschauen ist. Seither suche ich in allen Gartenbüchern und -zeitschriften nach Pflanzen, mit denen das gelingen könnte.

Ich begann damit, einen Teil der Sämlinge, die sich in den Terrassenfugen selbst ausgesät hatten, wie Akeleien, Lein und Vexiernelken, auf den Hang zu versetzen. Auch habe ich ein paar von den selbst gezogenen weißen Königskerzen, *Verbascum chaixii* und *blattaria* (das Schabenkraut), sowie ebenfalls selbst gezogene Karthäusernelken names ›Feuerglut‹ im Hang eingegraben. Nicht zu vergessen die Zwiebeln, die ich, des steilen Geländes wegen öfter das Gleichgewicht verlierend, mit viel Mühe in die ihnen zustehende Tiefe versenken konnte. Prärielilien *Camassia quamash* zum Beispiel, aber auch ein paar wilde Tulpen und Graslilien. In die Mitte des Hangs aber kam ein Zierapfelbaum, dessen Krone sich ungefähr auf der Höhe der unteren Veranda befindet, um das Beobachten von Vögeln zu erleichtern.

Einige der neuen Wiesenpflanzen haben mitgespielt und überdauern die frühen Sommerblumen bereits. Da aber ein solches Unterfangen ein Mehrjahresprojekt ist, darf man mit dem Experimentieren nicht aufhören. Gerade habe ich gelesen, daß eigentlich auch *Nectaroscordum siculum*, ein wunderbares Zierlauchgewächs mit grünstichigen rosa Glöckchen, sowohl mit dem trockenen Hang als auch mit der Wiese um sich herum leben können müßte. Von Wiesenrauten und steppengewohnten Asternsorten läßt sich ähnliches vermuten. Der Phantasie sind also diesbezüglich keine Grenzen gesetzt, es geht nur darum, alles auszuprobieren.

Im letzten Mai ritt mich dann der Teufel, und ich nahm von einem mehrere Quadratmeter großen, dreieckigen Wiesenstück auf dem südseitigen Hangausläufer die Grassoden ab, um offenen Boden zu gewinnen. Eine *Rosa damascena* ›Bifera‹ am unteren Ende spendete gelegentlich ein wenig Schatten, wenn auch nicht den ganzen Tag und dem ganzen Versuchsstück. Dann säte ich ein, was ich finden konnte. Längst gekaufte und nicht verwendete Samen von Kornblumen und Kornraden, eine einjährige Mischung wilder Blumen mit dem geheimnisvollen Namen *Sommer-Blumen-Teppich ›1001 Nacht‹*, eine Wiesenstaudenmischung von C. Spühler und zuletzt noch zwei Päckchen, die ich aus England mitgebracht hatte, das eine mit gemeinem Lein *Linaria vulgaris*, das andere mit einer duftenden Wildpflanzenmischung, von denen einige Namen in keinem Wörterbuch auszumachen waren wie z. B. catchfly, dropwort, knapweed und melilot.

Da die junge Saat ständig feucht gehalten werden mußte und es im Frühsommer letzten Jahres sehr heiß war, profitierte vor allem die Damaszenerrose von den mehrmaligen Wassergüssen pro Tag und entfaltete sich früher und üppiger als all die anderen, weniger verwöhnten Rosen.

Der offene Hangboden neigte tatsächlich stark zum Austrocknen, und schon fürchtete ich, mit meinem Versuch für dieses Jahr einfach zu spät dran zu sein, aber da hatte ich die Wilden bei weitem unterschätzt. Binnen zwei Wochen begann es sich in dem Beet zu regen. Zum Teil waren die Sämlinge noch zu klein, um erkennen zu lassen, was aus ihnen entstehen würde, außer jene, die ich ohnehin schon kannte.

Als dann im Juli die lange Regenperiode einsetzte, begann es im Beet erst recht zu sprießen, die Überraschungen nahmen kein Ende und dauerten bis spät in den Herbst. Liebeshainblumen, Bienenfreund, Zwergzinnien, Duftsteinrich, Nachtviolen, verschiedene Glockenblumen, eine *Malva sylvestris*, herrlicher Klee, Nachtviolen und Nachtkerzen, wilder Majoran, Mädesüß, Seifenkraut,

Storchschnabel

Schafgarben und sogar Goldlack tauchten auf, von den Zweijährigen gar nicht zu reden, die erst im Jahr darauf blühen würden, wie Königskerzen, Stiefmütterchen und Fingerhut. Ich kam aus dem Staunen nicht heraus.

Natürlich wirkte das Ganze ein wenig kunterbunt, es mangelte noch an Stil und auch am Gras, das ich ja weggenommen hatte, aber schließlich ging es um eine Versuchsstation. Sobald die Samen einmal im Garten Fuß gefaßt hätten, so meine Erwägung, würden sie schon von selber sehen, wo sie blieben. Gefiel es ihnen am neuen Ort, würden die neuen selbsttätig nach den geeigneten Standorten suchen.

Und da auch der Herbst sehr schön und trocken war, schnitt ich einfach die Samenstände der Pflanzen ab und blies die Körner über den gemähten Hang. Damit habe ich der Hangwiese eine weitere Gelegenheit geboten, sich von der gemeinen Heu- und Grummetwiese zu einer nur einmal im Jahr zu mähenden, *naturnahen* Pflanzung zu entwickeln. Wobei mir klar ist, daß das nicht von einem Jahr aufs andere gehen wird, sondern eher in Schüben, je nachdem, welche neue Pflanzenart vom Mikroklima oder von den speziellen Bodenverhältnissen am neuen Standort gerade begünstigt wird. Auch die Margeriten haben sich nur nach und nach vermehrt, und wie man weiß, können manche Samen jahrelang in der Erde liegen, bis sie sich eines Tages dazu entschließen zu zeigen, was in ihnen steckt.

Allerdings träume ich schon von weiteren wunderbaren Entdeckungen. Zumindest in der Versuchsstation wird so einiges erst im nächsten Jahr blühen, manches sich aber bereits fix etabliert haben, und wenn es schon mit der Verbreitung der Samen nicht geklappt hat, ließe sich ja auch ein wenig nachhelfen, indem man einige von den Neuen verpflanzt. Daß sie in meinem Garten können, haben sie ja schon gezeigt. Jetzt, da ich das schreibe, ist es noch ein wenig zu früh, tatsächlich abzuschätzen, ob und wie sehr meine Hebammendienste genützt haben, aber die Anzeichen mehren sich, daß so manche der Experimente tatsächlich gefruchtet haben.

Die Pracht

Jeden Herbst schneide ich den Sommerflieder so weit zurück, daß mein Mann behauptet: »Der kommt nie wieder!« Und jedes Frühjahr muß ich ihn noch einmal auslichten, da der Schnee selbst die Strünke noch gespalten oder einfach abgedrückt hat. Da hilft kein Zusammenbinden, und für ein Winterhäuschen ist der Strauch auch in zurückgeschnittenem Zustand zu groß.

Und jedes Jahr kommt die Buddleja wieder, ihre Triebe greifen immer weiter aus, und das so rasch und selbstverständlich, daß man es gar nicht merkt, bis sie dann im August in voller Blüte dasteht und man sie nur bestaunen kann.

Nicht von ungefähr heißt dieser stark duftende Strauch auch noch Schmetterlingsstrauch. Die Falter umflattern ihn in farbigen Wölkchen, und natürlich mögen ihn auch die Bienen, aber die Schmetterlinge haben ihn am liebsten. Sie kommen von überall her, auch jene, die man nur mehr selten sieht, wie zum Beispiel den Zitronenfalter. Schwalbenschwanz, Landkärtchen, Kleiner Fuchs, Tagpfauenauge, Trauermantel, Admiral, Bläuling usw., sie alle kommen, um sich ihren Teil vom Nektar des Sommerflieders zu holen.

Wer farbenprächtige Auftritte liebt, sollte unbedingt eine *Buddleja* im Garten haben, und zwar an einer Stelle, die von der Gartenbank oder von der Hängematte aus zu beobachten ist. Er oder sie wird sich dann öfter fragen, wo

Kohlweißling auf
Lavendelblüten

Eisenhut ›Bicolor‹

die Zeit hingekommen ist, so selbstvergessen verschaut man sich in all das Gaukeln.

Auch das Duften hebt im August wieder so richtig an, selbst wenn die Lilien abgeblüht sind. Dafür parfümiert der Phlox mit seiner Süße die Luft, und die Engelstrompeten, die neuerdings nicht mehr *Datura*, sondern *Brugmansien* heißen, stehen den anderen großen Duftern in nichts nach.

Phlox kann man nie genug haben. Er braucht viel Wasser, was er im niederschlagsreichen Salzkammergut ohnehin bekommt, ist aber ansonsten eher bescheiden und blüht im großen Sonnenbeet in einem poppigen Pink, in Weiß, in Violett und in einem dunklen Rot, das seinem deutschen Namen ›Flammenblume‹ alle Ehre macht. Alle paar Jahre, wenn ein Horst innen zu verkahlen beginnt, sollte man ihn vierteln und, mit der verkahlenden Stelle nach außen, neu einsetzen. Dann wächst und blüht er wieder wie neu.

Hinter dem Phlox ragen bereits die hohen Stiele eines weißen Eisenhuts namens ›Ivorine‹ empor, der mich zwei Saisonen hindurch genarrt hat, indem er immer so tat, als könnte er sich nicht akklimatisieren. In diesem Jahr aber hat er es sich überlegt und scheint alles Versäumte nachholen zu wollen. Nun paßt sein bläulich schimmerndes Weiß wunderbar zu den weiß-rosa-violetten, an den Rändern ins Purpurne spielenden Blütenkerzen des Akanthus und zur Buddleja, aber auch zum Purpurrosa der Moschusmalven sowie zum Punschkrapfenfarbenen der Präriemalven.

Da auch die dunkel-, beinah schwarzroten Stockrosen noch immer blühen, bilden sie den nötigen Kontrast, der aber doch innerhalb des Farbschemas bleibt. Ganz vorne im Beet gibt es dazu ein paar Astilben, die sich in einem Himbeerrot gefallen, das aussieht, als sei es nicht echt und stamme aus der Süßwarenerzeugung. Die *Cleomen* oder Spinnenblumen, die ich in diesem Frühjahr auf der oberen Veranda vorgezogen habe, nehmen den Ton auf und mildern ihn mit ihren locker abstehenden Blüten in Weiß und Hellrosa.

Dazu macht sich nun wieder die schwarzrote Schokoladenblume *Cosmos atrosanguineus* sehr gut, die ich den ganzen Sommer über im Topf lasse. Erstens muß sie im Winter ohnehin in den Keller, zweitens ist sie dadurch mobil, und ich kann sie, wo immer ich eine starke Farbe benötige, hinsetzen. Und das tue ich auch bisweilen, vor allem im August, wenn die Malven und die anderen rosa Pflanzen sich immer mehr in den Vordergrund spielen und die Gefahr besteht, daß es langweilig wird. Demselben Zweck dient auch ein fast schwarzer Schlafmohn namens ›Black Paeony‹, der tatsächlich so gefüllt wie eine Pfingstrose blüht und einen wunderbaren Kontrast zu all dem Rosa bildet.

Gartenbilder

Im Spätsommer, wenn viele von den Hinguckern ihren Höhepunkt bereits hinter sich haben und der Garten sich beruhigt hat, was nur bedeutet, daß das, was noch blüht, länger und beständiger blüht, ist die Zeit, sich an Details zu erfreuen, an Gartenbildern zum Beispiel, die einem unabsichtlich gelungen sind und die auch eine Weile so bleiben, wenn sie sich einmal zusammengefügt haben. Es ist nicht mehr so heiß wie im Hochsommer, man kann also mit dem Gießen sparen, und selbst das Jäten hält sich einigermaßen in Grenzen.

Wären da nicht die Vorbereitungen für das nächste Gartenjahr, all die Pläne, die einem im Kopf herumgehen, die Verbesserungsvorschläge, die man sich selber macht, der kritische Blick in alle Ecken und Winkel, ob sich nicht doch noch ein Beet ausginge, ohne daß der Garten überladen wirkt. Man könnte den Garten wirklich in Ruhe genießen, so wie alle anderen immer denken, daß man ihn genießt, dabei ist man ständig bemüht, seine Wünsche, die man nur zu gut kennt, und seine Bedürfnisse, die ohnehin nicht zu übersehen sind, zu befriedigen.

Dennoch, neuerdings gönne ich mir die Muße, renne nicht sofort los, wenn etwas zu stützen, abzuschneiden oder umzupflanzen ist. Mit der Anzahl der Gartenjahre, die man absolviert hat, wird man gelassener, so wie man auch das zweite und das dritte Kind schon gekonnter *schaukelt* und nicht bei jedem nächtlichen Gebrüll gleich in Panik gerät.

Seit ich einen Garten habe, gehe ich morgens als erstes auf die Terrasse hinaus, um die Temperatur abzulesen. Es sind nur ein paar Schritte, aber ich gehe sie natürlich nicht mit geschlossenen Augen. Schon deshalb war ich mit der Ecke neben der Küchentür nie ganz zufrieden. Bis ich dann in diesem Frühjahr ein Rosengitter anfertigen ließ und eine ›Zephirine Drouhin‹ kaufte, eine wunderschöne kirschrote Kletterrose, beinahe stachellos, die auch ein wenig Schatten gut verträgt.

Das kleine Beet, das zwischen den Terrassensteinen und der Hauswand entstanden war, sollte den Tag mit einem erfreulichen Anblick beginnen lassen, und so verpflanzte ich erst einmal die Stockrosen, die sich an dieser Stelle immer wieder selbst ausgesät hatten. Da das Dach zweimal am Tag Schatten wirft, bekam es den Stockrosen offenbar gut, nun ganz in der Sonne zu stehen, und sie verziehen es mir auch, daß ich sie ausgrub, als sie schon ziemlich viele Blätter getrieben und ihre Pfahlwurzeln tief in den lockeren Boden gesenkt

Kletterbäumchen
Rhodochiton
atrosanguineus

hatten. Neben der Treppe gab es einen Topf mit Schnittlauch, ein Muß, denn ich brauche ihn oft und mag dann, vor allem bei Regen, nicht weit gehen. Aber auch Majoran und Bohnenkraut fühlen sich an diesem Treppenabsatz wohl, auch wenn sie nicht ständig im vollen Licht stehen.

Dort wo die Erde beginnt, hatte ich vor Jahren einmal eine mondfarbene duftende Akelei *Aquilegia fragrans* gepflanzt, weil ich einfach wissen wollte, ob Akeleien tatsächlich duften können. Sie können. Und ich beschloß, daß die Akelei bleiben sollte. Ihre vornehme Blässe würde einmal gut zum Kirschrot der Rosendame passen. Auch sie schien begeistert, hatte sie sich doch von den Stockrosen, die keinerlei Rücksicht auf sie nahmen, arg bedrängt gefühlt, und ich rechnete es ihr hoch an, daß sie dennoch nicht aufgegeben hatte. Dieses Jahr nützte sie ihre Chance und blühte und duftete wie nie zuvor. ›Zephirine Drouhin‹ kam ziemlich klein in ihr Loch und machte wohl ein paar Triebe, aber keine, die die Akelei auch nur im entferntesten irritierten.

Das Rosengitter wurde grün gestrichen und hob sich wie ein überdimensionales Rautezeichen von der weißen Hauswand ab. Ich überlegte eine Weile, wie ich den starken Kontrast mildern könnte, und da fielen mir meine Kletterbäumchen *Rhodochiton atrosanguineus* ein. Mir war im Jänner in Zürich zum ersten Mal ein Päckchen mit Samen davon in die Finger geraten. Man warnte mich, daß die Samen schwer angingen, aber welcher Gärtner hat sich je von so etwas abhalten lassen? Im Gegenteil. Und ich hatte Glück, von den

Schlafmohn
›Black Paeony‹

10–15 Körnern in dem Päckchen hatten immerhin acht gekeimt. Ich verschenkte einige, und den Rest hätschelte ich auf meiner oberen Veranda. Sie wirkten sehr filigran, und ich war bezüglich ihres tatsächlichen Fortkommens ein wenig skeptisch.

Als ich dann im März in einer Gärtnerei in Feldkirchen / Kärnten eine Lesung hatte, erzählte ich dem Gärtnermeister von meinen Versuchen, und er nahm mich in ein entlegeneres Glashaus mit, wo seine Rhodochitons standen. Die waren natürlich schon dreimal so groß wie meine und wesentlich kräftiger. Er schenkte mir ein Exemplar, und ich transportierte es im Zug zurück nach Aussee, wo ich es zu meinen Jungpflanzen stellte, um ihnen zu zeigen, wie es geht. Sie hielten sich an das Vorbild, und als ich sie Ende Mai alle miteinander an das Rosengitter setzte, war der Unterschied zwar noch sichtbar, aber nicht mehr allzu groß.

Es dauerte natürlich eine Weile, bis sich die zarten Ranken an das Gitter schmiegten, doch als dann die ersten Blüten kamen, malvenfarbene Glöckchen, aus denen ein langer, purpurner Klöppel hing, war nicht nur das Rosengitter entschärft, sondern auch ein Farbton vorgegeben, der geradezu unvergleichlich schien, mit einem Wort, ein morgendliches Wohlgefallen. Und das mittlerweile seit Monaten.

Das Kletterbäumchen hat zwar einen unsicheren Start und ist in unserem Klima nur einjährig, aber sein Blühwille entschädigt großzügig dafür. Auch fügte sich das Rot des Austriebs von ›Zephirine Drouhin‹ unerwartet gut ins sich entwickelnde Farbschema.

Inzwischen ist die Akelei längst verblüht, dafür hat sich ein wandernder Schlafmohn dazugesellt, der von der guten Gartenerde profitiert und seine an den Rändern leicht gerüschten Blätter in einem so sanften Grün entfaltet, daß es die reine Freude ist. Dahinter hatten sich ein paar gelblichweiße Spanische Löwenmäuler ausgesät, die keine Anstalten machen, in diesem Jahr noch zu blühen – wahrscheinlich ist es ihnen am Grund zu schattig –, ihre zarten lanzettförmigen Blätter aber lockerten das Bild im Hintergrund auf.

Wenn man will, ließen sich auch die versetzten Stockrosen, die in diesem Sommer ihre Blätter, was selten vorkommt, beinah rostfrei präsentierten und die lange im selben prachtvollen dunkelpurpurnen Ton wie die Klöppel des Rhodochiton geblüht haben, in das Bild mit hereinnehmen.

Ebenso wie der Topf mit der *Tagetes erecta* ›Vanilla‹, den ich als Aufheller, und um ihn den Schnecken zu entziehen, in einen Blumenständer aus Eisendraht vor den Wacholder stellte, dem er absolut zur Zierde gereicht. Und am Wacholderbusch, der das kratzbürstigste meiner Gartenwesen ist, sind die Schnecken doch noch nicht hochgeklettert, obgleich mich bei den kleineren Schnirkelschnecken auch das nicht wundern würde, habe ich sie doch schon von Stachelbeeren, Disteln und Brombeeren heruntergeklaubt.

Das nächste Jahr steht natürlich noch in den Sternen, aber das Bild des heurigen Sommers war lohnend genug, selbst wenn sich in den nächsten Jahren nur mehr die hartnäckigsten Wilden in der Blumenwiese behaupten sollten. Aber warum sollten sie es nicht? Auch meine Margeriten kommen jedes Jahr verläßlich wieder und bilden bis Mitte Juli einen weiß bestickten Überwurf auf dem Abhang vor dem Haus. Wichtig ist, glaube ich, nur, die Wiese im Frühjahr gut zu rechen, damit die Samen ein wenig offenen Boden finden. Und sie – wie gesagt – nicht zu düngen. Man glaubt gar nicht, zu welch hinreißenden Farbkompositionen die Trockenrasengeschöpfe imstande sind. Malerei pur.

Die Kürbisfee

Bei aller Liebe zu den Blumen – ein Garten hat auch etwas mit Nahrung zu tun. Selbst wenn man die Blüten von viel mehr Stauden essen kann, als man gemeinhin annimmt, dienen diese doch mehr zur Dekoration oder Geschmacksverbesserung, als um sich den Magen zu füllen. Dasselbe gilt für die Küchenkräuter, die ich in verschwenderischer Menge ziehe. Sie sind fast alle hübsch anzuschauen und bereichern den Garten mit Düften, die, wie ich meine, nicht nur den Appetit, sondern auch das Denken anregen, satt wird man aber nicht von ihnen.

Die Versorgung mit frischem Obst und Gemüse ist hierorts nicht gerade überwältigend. Also ziehe ich an Gemüsen vor allem das, was ich auf dem Wochenmarkt nicht oder nur ausnahmsweise einmal finde. Das sind vor allem Zuckererbsen, die man in der Schote essen kann, weißer und roter Stielmangold, Neuseeländer Spinat und Ruccola. Natürlich auch verschiedene Sorten Salat (Salat frisch aus dem Beet ist geschmacklich nicht zu übertreffen), ein paar Kohlrabi und Zucchini, weil man sie kleiner ernten kann, als die Erwerbsgärtner das tun, und ein paar Paradeiser, damit sie wirklich ausreifen können, bevor man sie ißt.

Meine größte Sympathie aber haben die Kürbisse. Die ersten, die ich noch aus amerikanischen Mitbringseln zog, waren ein ›Gelber Crookneck Squash‹, goldfarben, birnenförmig mit gebogenem Hals und warziger Haut, der, im Gegensatz zu den Zucchini, einen wunderbaren Eigengeschmack hat, bald geerntet werden kann und, mit Thymian in Olivenöl gebraten, wunderbar schmeckt. Übrigens, je kleiner die Kürbisse, desto besser harmoniert ihr Aroma mit Thymian. Das andere war ein ›Früher Acorn Squash‹ mit dunkelgrüner, gerippter Schale und gelbem Fleisch. Beide zog ich in Kübeln an der südwestseitigen Schuppenwand auf einem Steinbeet, das als Fußbodenheizung dienen sollte.

In den Jahren danach wurde ich auch in österreichischen Samenhandlungen fündig, zumindest was die Samen von Spaghettikürbis und ›Tondo chiaro de Nizza‹, einer Rondini-Sorte (die sich gut mit einer Mischung aus angebratenen Zwiebeln, Reis, Schinken und Rosmarin füllen läßt), betraf. Ich setzte sie ins Hochbeet, weil sie mir für den Topf als zu mächtig erschienen. Beide entwickelten sich trotz häufigem, kaltem Sommerregen gut und sorgten für eine Reihe von Festmählern.

Vorhergehende Seiten: Hochbeete mit den Kürbissen ›Triple Treat‹, ›Pomme d'Or‹ und ›Patidou‹ vor Loser

Eines Nachts ist mir dann sozusagen die Kürbisfee im Traum erschienen, das heißt, ich wachte mit der Idee zu einem Kinderbuch über eine Kürbisfee auf, was meine Vorliebe für diese Riesenbeeren (Kürbisse sind in Wirklichkeit Beerenfrüchte) nur noch steigerte.

Vielleicht hat sich besagte Kürbisfee auch noch in die Köpfe anderer Gärtner eingeklinkt, Tatsache ist, daß Kürbisse plötzlich wieder in Mode kamen. Das ließ sich gut in den verschiedenen Gartenzeitschriften nachlesen, in denen immer häufiger Artikel über Kürbisse erschienen, über ihre enorme Vielfalt, was Aussehen und Geschmack angeht, und über die Art, wie sie am besten zu ziehen seien.

Mir konnte das nur recht sein. Ich berauschte mich sogleich an der bunten Fülle begehrenswerter Formen und bestellte die einschlägigen Kataloge.

Gottlob kosten Samenpäckchen nicht die Welt – wesentlich weniger als Bücher, bei denen ich bereits beim Gedanken in Panik gerate, die ungelesenen könnten mir eines Tages ausgehen –, und so ist es kein großes Malheur, wenn man wesentlich mehr bestellt, als man aussäen kann. Es könnte ja passieren, daß die Samen in einem Päckchen taub sind oder die Amseln die ausgesäten wegpicken, oder was weiß ich, was nicht noch alles. Nur eines darf nicht passieren, nämlich daß die Samen ausgehen.

Schon die Namen sind dazu angetan, einen in die entsprechende Stimmung zu versetzen. Von ›Blaue Banane‹ über ›Butterbecher‹, ›Türkenturban‹, ›Pepita‹,

Kürbis ›Triple Treat‹

Borretschblüten

›Trombolino‹, ›Lady Godiva‹, ›Jack be little‹, ›Baby Boo‹, ›Ufo‹, ›Goldapfel‹ und ›Eichel‹, um nur einige zu nennen, die die Phantasie in Gang bringen. Aber auch die Farben von Rot über Orange und alle Gelbschattierungen bis hin zu Blau, Grün und Schwarz, wobei sich die anmutigsten Tupfen, Streifen und Sprenkelungen ergeben, wirken ausgesprochen anregend. Von den Formen gar nicht zu reden, ob rund, oval, birnen- oder flaschenförmig, tief gerippt, gezackt, wie mit Krallen bewehrt oder unten spitz zulaufend, dreigeteilt oder krapfengestaltig, die Kürbisse erfreuen den Gaumen und das Auge.

Ich litt eine Woche unter dem Druck der Entscheidung, bis ich meine Liste beisammen hatte, nämlich ›Jack be little‹ (ein etwa tomatengroßer, frisch schmeckender Mini), ›Golden Apple‹ (apfelgroß und gelb, läßt er sich gut mit kräftig gewürztem Lamm-Faschiertem füllen), ›Patidou‹ (grünweiß gestreift und circa ein halbes Kilo schwer, eignet sich für Kuchen oder, mit Ahornsirup bestrichen und mit Speckscheiben belegt, zum Backen im Rohr) und ›Twonga‹ (blau, an die zwei bis acht Kilo schwer werdend). Von einem anderen Versand ließ ich mir dann noch ›Minipak‹, ›Triple Treat‹ (ähnlich dem Ölkürbis mit eßbaren Kernen), ›Red Kuri‹ (ein orangeroter Hokkaido) und ›Butternuß‹ kommen, während ich von den Frühjahrslesereisen auch noch ›Custard White‹ (fliegende Untertasse), ›Tondo chiaro de Nizza‹ und ›Baby Bear‹ mitbrachte. (›Triple Treat‹ ist übrigens am besten für Aufläufe mit Zwiebeln, Fleischtomaten und Mozzarella geeignet, die man mit Thymian und Oregano würzt.)

Der vielen Reisen wegen war ich nicht dazugekommen, die Kürbisse ab Mitte April vorzuziehen, und so fing ich erst Mitte Mai ernsthaft damit an, indem ich zwei Versuchsreihen startete.

Ich ließ zuerst einmal alle Samen über Nacht in gewässerter Milch weichen, damit sie schneller keimen solten. Laut Inga-Maria Richberg und ihrem Buch *Altes Gärtnerwissen wieder entdeckt,* gibt es eine noch wirksamere Methode, die Keimfähigkeit von Gurken- und Kürbissamen zu fördern, nämlich eine Urin-Beize, doch sollte man dazu vordringlich den Urin von Kindern verwenden. Ich hatte gerade kein Kind zur Hand, und so blieb es bei der Milch, ebenfalls einem Körpersaft.

Dann steckte ich Samen von allen Sorten ins Freiland und Samen von allen Sorten, die auf der Veranda keimen sollten, in kleine Aussaattöpfe aus Plastik. Interessanterweise kamen die in den Beeten nur ein, zwei Tage später als die im wärmeren Quartier, was wohl auf das Licht zurückzuführen ist. Und in beiden Versuchsreihen hatten ›Red Kuri‹ und ›Triple Treat‹ die Nasen vorn.

Nur ›Minipak‹ verweigerte in beiden Fällen. Ich kann es mir nur so erklären, daß die Samen einfach nichts wert waren. ›Twonga‹, der blaue Chinese, trieb beide Male gut aus, rührte sich dann aber, als alle Pflanzen ins Beet gesetzt wurden, keinen Millimeter mehr vom Fleck, und das vier Wochen lang. Vielleicht gefielen ihm die Berge nicht, oder es war ihm schlicht und einfach zu kalt. Also erlöste ich ihn und setzte einen ›Crookneck‹, den ich nachgezogen hatte, an seine Stelle.

›Baby Bear‹, von dem ich mir viel erhofft hatte, war er doch als idealer Kübelkürbis angepriesen worden, der jeder Terrasse zur Zierde gereichen würde, bestand nur aus einem einzigen Exemplar, das zwar hübsch anzuschauen, aber mir zu wenig war.

›Triple Treat‹ im Hochbeet produzierte mit Abstand die meisten Früchte und schmeckte früh geerntet am besten. ›Red Kuri‹ ist vom Geschmack her einmalig (ein wenig wie Kastanienpüree), ›Patidou‹ süß und angenehm, ebenso ›Butternuß‹, den ich besonders schätze. Auch die Minis waren wunderbar zum Hernehmen und die Rondini, wie gesagt, gut zum Füllen.

Mit einem Wort, ich schwelgte in meinen Ernten, auch wenn ich mir keine Sorgen um die Lagerung zu machen brauchte, denn bis Anfang November waren sie alle aufgegessen oder zu Marmelade verkocht. Dabei hatten sie allesamt im letzten August, der hierorts eher schwül und kühl war – viel zu schwül und kühl –, vorübergehend das Wachstum eingestellt, und ich mußte

Kürbis ›Patidou‹

die halbreifen Kürbisse auf Blumentopfuntersetzer legen, damit sie nicht zu faulen begannen.

Die Kürbisfee war mir wohlgesonnen, auch wenn von Überfluß keine Rede sein konnte. Aber vielleicht war ich gerade deshalb so darauf aus, meine Kürbisse auf würdige Art zuzubereiten. Von Ende September an dienten sie zur Dekoration des Wohnzimmers, und es war jedes Mal ein wenig so, als würde man ein Haustier schlachten, wenn eines der farbenfrohen Exemplare den Weg in den Kochtopf nahm.

Wenn ich auch nicht mehr so viele Sorten auf einmal ziehen werde, mindestens fünf sollten es in jedem Jahr sein. Meine Zunge hat sich schon zu sehr an die verschiedenen Geschmacksrichtungen gewöhnt, als daß sie sie noch einmal missen möchte.

Übergänge

Der September ist meist der Monat mit dem beständigsten Wetter, so warm, daß man über Mittag noch im See schwimmen kann. Die Nächte aber sind bereits so kühl, daß viel Tau entsteht und man nicht gießen muß.

Die späten Kürbisse fangen an, ihre wahre Gestalt, das heißt ihre Ausmaße, und ihre endgültige Farbe, ein kräftiges Orange oder ein Rot, zu zeigen, während ihre kleineren gelben und grüngelben Verwandten schon im Kochtopf gelandet sind. Die dazwischengesetzte fiederblättrige Ringelblume, *Tagetes tenuifolia* ›Tangerine‹, die stark wie ein Gewürz duftet, hat sich allerdings bereits verabschiedet, und ihre Reste sehen aus wie zum Trocknen aufgehängte Strohblumen.

Der Mangold, ob rot, weiß oder pastellfarben, bekommt erst jetzt seine leckeren, kräftigen Stielrippen. Die Brombeeren werden schwarz, und die späten Himbeeren namens ›Autumn Bliss‹ rot, zur Freude der Zugvögel, die sich mit ihnen für die lange Reise stärken.

Die meisten Blumen blühen vielleicht noch, sind aber eher dabei, abzublühen oder an den Blättern ihre Herbstfärbung zu zeigen, die den Bäumen nur an Blattmasse, nicht aber an Farbtönen nachsteht. Ich hatte mir dieses Frühjahr für das neue Beet drei schwarze Storchschnäbel *Geranium phaeum* ›purpureum‹ mit gemusterten Blättern gekauft, die sich ebenfalls verfärben. Ich hoffe, sie vermehren sich im nächsten Jahr, da ich beim Setzen zu viel Platz zwischen ihnen gelassen habe.

Nelkenwurz, Purpurglöckchen, Rote Melde und der Buntschopfsalbei ›Blauer Vogel‹ sehen noch immer ganz passabel aus, aber man merkt ihnen an, daß sie sich einfach nur noch gut halten, aber nicht mehr *voll* im Leben stehen. Dafür ist *Sedum telephium* ›Herbstfreude‹ auf die Bühne gekommen und wird bis zum Schnee weiterspielen. Ich habe es letztes Jahr geteilt und überall im Garten ausgesetzt, damit kein Beet ohne diese Art von ›Freude‹ auskommen muß.

Sorgen machen mir nur die Krötenlilien *Tricyrtis macropoda*. Nicht weil sie zu wenig attraktiv aussehen würden mit ihren gefleckten, turbanartigen Blütenköpfen, aber kaum ist eine Blüte zu sehen, ist sie auch schon abrasiert. Krötenlilien sind das saisonale Lieblingsdessert der Rehe. Und gerade weil man nicht mehr an diese Trughirsche denkt und wenn doch, dann eher die nachblühenden Rosen mit in Petroleum getauchten Waschlappen zu schützen

Krötenlilie

versucht, kommen sie einem immer wieder zuvor. Dabei gibt es kaum eine Blume, die mehr an einen Clown erinnert als die Krötenlilie. Ich begrüße ihre ersten Blüten jedes Jahr mit einem Lachen. Auch wenn es mir dann über Nacht vergeht, angesichts der übriggebliebenen nackten Stengel.

Es ist auch die Zeit der Herbstanemonen, die einfache oder halbgefüllte Blüten auf ihren langen Stielen tanzen lassen und ganz gerne unter sich bleiben. Stellt man ihnen ein eigenes Beet zur Verfügung, vermehren sie sich in Windeseile und bilden riesige Horste. Allerdings muß man dazu wirklich genügend Platz haben, Platz, auf den man ansonsten den ganzen Sommer über verzichtet, während die Herbstanemonen langsam Blätter machen.

Die Austin-Rose ›Gertrude Jekyll‹, die so wunderbar duftet, blüht noch einmal nach, ebenso ›Rose de Resht‹. ›Hero‹, ›Cardinal Hume‹ und ›New Dawn‹ haben eigentlich nie so richtig mit dem Blühen aufgehört, und der Wiesensalbei am Fuß von ›Cardinal Hume‹ hält sich noch immer aufrecht. Natürlich nur, wenn das Wetter beständig bleibt.

Kommt es im September zu gröberen Schlechtwettereinbrüchen, ist es mit den Pflanzen, die sich eben bloß noch gut gehalten haben, vorbei, und es bleiben nur die echten, weniger empfindlichen Herbstblüher übrig, und das sind vor allem Astern.

Astern gibt es in so gut wie allen Farben und Höhen, und sie gehören zur Jahreszeit wie Fallobst und Schneckeneier. Es gibt welche mit rauhen und welche mit glatten Blättern, Alpenastern, Kissenastern, Schattenastern, Wildastern, mit einem Wort, für jeden Geschmack die entsprechenden Astern.

Ganz zu Anfang meines Gartenlebens hatte mir eine Nachbarin Ableger ihres Horstes geschenkt, der wunderbar mittelblau blühte und einfach nur Herbstaster hieß. Meinen Erkundigungen zufolge kann es sich nur um die Glattblattaster ›Dauerblau‹ handeln, was mir recht sein soll, denn sie blüht wirklich unermüdlich. Jedoch wuchert sie enorm wie die meisten Astern. Und so mußte ich sie aus dem großen Sonnenbeet wieder entfernen, da sie, genauso hartnäckig wie der Beinwell, immer mehr Platz für sich beanspruchte. Allerdings hat sie einen Teil des Beinwells mitgenommen, und der wuchert nun in ihren Horsten.

Mittlerweile halte ich sie an verschiedenen Stellen zwischen einer Gebüschreihe, die noch nicht zur Hecke zusammengewachsen ist, im Zaum, was auch bedeutet, daß ich sie stützen muß, da sie dazu neigt, bei starkem Wind umzufallen.

Für das neue Beet aber habe ich mir eine weiße Sternwolkenaster *Boltonia latisquama* ›Snowbank‹ geleistet, die sich, abgesehen von ihrem Namen, durch Standfestigkeit auszeichnen und zur Blütezeit laut Katalog *eine Wucht* sein soll. Dieses Jahr hat sie allerdings nur zu ihrer Etablierung genutzt. Mal sehen, ob sie dann nächsten Herbst tatsächlich *eine Wucht* ist.

Verpackungen

Der Wilde Wein hat sich zu einem Rot verfärbt, das die schwarzblauen Beeren erst so richtig zur Geltung bringt, so als böten sie sich den Vögeln von selber zum Verzehr an. Die machen auch regen Gebrauch vom saftigen Angebot und schaukeln auf den Ranken wie Tarzan an seinen Lianen. Die kleinsten Vögel gehen an die größten Früchte, spießen sie mit dem Schnabel auf, daß der Saft auf die Terassensteine spritzt und dort lange als *weinrote* Spur sichtbar bleibt. Ihr Flattern ist für Tage das beherrschende Geräusch, vor allem wenn auch die Bergdohlen, die schon gelegentlich ins Tal herunterkommen, sowie die reviertreue Krähenschar sich an den Beeren gütlich tun.

Aber nicht nur der Wilde Wein dient als Vitaminspender, sehr beliebt sind auch die zinnoberroten Beeren des Feuerdorns, der am Überdachungspfeiler der Terrasse emporwächst und seinerzeit gepflanzt wurde, um die Katzen daran zu hindern, die jungen Meisen, die im Spalt eines der Dachbalken großgezogen werden, aus dem Nest zu holen.

Als es noch keinen Feuerdorn gab und an dem Überdachungspfeiler auch noch ein Vogelhaus befestigt war, geschah es tatsächlich mehrmals, daß eine der vielen Katzen aus der Nachbarschaft plötzlich auf dem Vogelhaus hockte und auf die gefiederten Hausfreunde lauerte. Einmal ließ sich eine dabei sogar einschneien.

Die ersten Jahre mußte der Feuerdorn immer wieder rigoros zurückgeschnitten werden, weil er an Rost litt, und der Gärtnermeister meinte schon, ich solle mich besser von ihm trennen. Doch einen Frühling später schoß es ihm plötzlich ein, und er begann ernsthaft, in die Höhe zu wachsen. Auch mit dem Rost war es vorbei, aus welchen Gründen auch immer. Vielleicht hatte er nur einfach gelernt, mit den Bedingungen zurechtzukommen, und war stark genug geworden, um dem Rost zu trotzen. Ich habe jedenfalls außer Geduld nichts zu seinem Fortkommen beigetragen.

Mittlerweile braucht der Feuerdorn nur gelegentlich einen Auslichtungs- und Höhenschnitt, damit er unterm Dach bleibt. Die Meisen lieben ihn, im Frühjahr, weil er ihr Nest beschützt, im Sommer, weil er den Jungvögeln sichere Sitzplätze gewährt, und im Herbst kommen sie jeden Tag angeflogen, um zu schauen, ob seine Beeren schon reif sind.

Manche Leute behaupten, daß jene äußere Haut, die Kletter-, Klimm- und Rankpflanzen an einem Haus bilden, dem Haus schadet. Mag sein, daß sie dem

Herbstansicht mit Trisselwand. Das runde Beet im Vordergrund fiel einer spätherbstlichen Gestaltungsidee zum Opfer.

äußeren Anstrich ein wenig von seiner Farbe nehmen, daß sie sich in Spalten festsetzen oder Dachrinnen mit ihrem Laub verstopfen, doch was wäre ein Haus in dieser Gegend, es sei denn, es ist ein reines Holzhaus, ohne diese lebendige Oberfläche?

Natürlich muß man ein Auge darauf haben, daß die Kletterpflanzen nicht tatsächlich etwas am Haus ruinieren, aber im großen und ganzen schützen sie es eher und bieten vielen der kleinen bis winzigen Mitbewohner, derer man sich oft gar nicht bewußt ist, Schutz und Lebensunterhalt. Abgesehen davon, daß sie einen nicht nur mit ihrem Geborgenheit ausstrahlenden Anblick erfreuen, viele duften auch, wie das Geißblatt, das sich neben dem Feuerdorn behauptet, ja sogar seine Ranken an seinen Stacheln vorbei bis zu jenem Gitter ausstreckt, das eigentlich zwei Akebien *Akebia quinata* gehört, die sich mit ihren hellgrünen fünffingrigen Blättern bis zum Dach emporschlingen.

Es gibt die Akebien, wie auch das Holzgitter, erst das dritte Jahr, dennoch haben sie es bereits zur Gänze mit Beschlag belegt, doch blühen sie mir noch zu wenig. Dabei hatten es mir ursprünglich vor allem ihre auberginefarbenen, irgendwie an Pfaffenhütchen gemahnenden Blütenbüschel angetan. Wahrscheinlich müssen sich auch die Akebien erst so richtig etablieren, bis sie an den Luxus des Blühens denken.

An einem anderen Rankgitter wächst seit Jahren die englische Rose ›Hero‹ empor, die ich als Strauchrose gekauft hatte, bis ich dann im Katalog den Vermerk Strauch- und Kletterrose fand. Laut Beschreibung sollte sie einenhalb Meter hoch werden. An dem Gitter, das ich Jahre zuvor anfertigen hatte lassen, hing über mehrere Jahre ein Winterjasmin, der zwar viel Freude mit seinen frühen Blütchen machte, aber das Jahr über mit seiner wuchernden Staksigkeit keinen besonderen Anblick bot.

Irgendwann im Herbst verschenkte ich ihn dann und pflanzte an seine Stelle ›Hero‹, die mittlerweile an die zweieinhalb Meter groß ist und mit ihren rosafarbenen, locker gefüllten Blütenkugeln bis weit in den November hinein nicht nur mich, sondern auch die Nachbarin erfreut, die eigentlich den besten Blick auf sie hat. ›Hero‹ ist nicht nur optisch ein Erlebnis, sie duftet auch, nicht ganz so intensiv wie die wunderbare ›Gertrude Jekyll‹, die ›Königin von Dänemark‹ oder ›Rose de Resht‹, dafür riecht sie zart nach Apfel, vor allem wenn es geregnet hat. Und blüht, wie schon gesagt, bis zum Schnee.

Auch an der NO-Seite des Hauses ist die Wand nicht nackt geblieben. Eine *Clematis montana rubra* hat von ihr Besitz ergriffen und kapriziert sich vor

Geißblatt

allem darauf, das Schlafzimmerfenster zu überwuchern. Was mir einerseits zupaß kommt, da das Morgenlicht dadurch nur gedämpft bis ans Bett dringt, andererseits hänge ich gerne das Bettzeug zum Lüften aus dem Fenster, wobei ich allerdings regelmäßig die Vögel, die darunter in einer holländischen Tonnisthilfe wohnen, störe.

Was also tun, um durch rigoroses Ausschneiden nicht alles durcheinanderzubringen? Ich dachte lange nach, und der Kompromiß sieht nun so aus, daß ich das Bettzeug nur mehr aufs Fensterbrett lege, die nach innen aufgehenden Fenster erleichterten diese Entscheidung, und bloß noch die verwelkten, nicht von selbst abfallenden Blätter der Clematis abzupfe. Die Vögel hingegen haben sich an das Geräusch des Fensteröffnens gewöhnt, wie sie sich überhaupt an mich gewöhnt haben und ohne viel *Federlesens* meine Ribiseln, Himbeeren und Brombeeren fressen, auch wenn ich in der Nähe bin.

Irgendein weiser Gartenmensch hat einmal gesagt, daß einem als Gärtner ohnehin nur zwei Drittel des Ertrags zustehen. Damit kann, damit muß man leben. Die einzigen, denen ich den Anteil neide, sind die Schnecken, und das auch nur, weil sie sich wesentlich mehr als besagtes Drittel nehmen, wenn man sie läßt. Was sie allerdings dazu bewegt, sich, wie gelegentlich zu beobachten, auch als Kletterer zu betätigen und die sprichwörtlichen Wände hochzugehen, ist mir ein Rätsel. Sie werden es doch nicht auf den Kalk des weißen Verputzes abgesehen haben? Jedenfalls ertappe ich immer wieder einen jener rehfarbenen, längsgerippten Muskelschläuche dabei, wie er hinter der Dachrinne die Mauer hochkriecht. Zum Glück ist ihre Zeit für dieses Jahr vorbei. Und wenn ich unter einem der großen Töpfe, die im Winter auf die untere Veranda kommen, einen Haufen weißer Kügelchen, nämlich ihr Gelege, finde, lasse ich es offen liegen. Die Vögel wissen sich auch da zu bedienen.

Leider habe ich kaum mehr freien Kletterplatz. Ein Efeu hält die Holzgitterwand des vorgezogenen Daches besetzt, und an der Schuppenwand gibt es einen Strahlengriffel *Actinidia kolomikta*, dessen Blickfang nicht die Blüten, die man ihrer Unscheinbarkeit wegen kaum bemerkt, sondern die dreifärbigen (rosa, weiß, grün) Blätter sind. Die sich allerdings nicht ganz so umfassend verfärben, wie ich mir das wünschen würde. Es sind immer nur ein paar Blätter, die zeigen, was in ihnen steckt, und gemessen an dem wunderbaren Foto in einem Gartenbuch, das mich einst auf diese Pflanze gebracht hat, ist das zu wenig. Aber vielleicht überlegt auch sie es sich noch.

Im Frühjahr habe ich in der Pflanzenabgabestelle des Botanischen Gartens Wien eine rare *Clematis fusca var. fusca* erstehen können, die allerdings so winzig war, daß der Gärtner meinte, ich solle sie noch im Topf lassen. Den Sommer über wuchs sie aber, und ich zerbrach mir den Kopf darüber, wohin ich sie setzen könnte. Der Abbildung nach soll sie braunpurpurne urnenförmige Blüten bekommen, deren mit dunkelbraunen Haaren bedeckte Tepalen leicht zurückgebogen sind. Das heißt also, daß diese Clematis am besten vor einem weißen Hintergrund zur Geltung kommt.

Solange eine Pflanze blüht, noch dazu so schön wie meine Kletterbäumchen *Rhodochiton atrosanguineus*, kann und mag man sich einfach nicht vorstellen, daß an ihre Stelle einmal etwas anderes kommen könnte. Die Rhodochitons sind jedoch einjährig, und so wollte ich mir fürs nächste Jahr etwas Mehrjähriges überlegen, da die Rose davor wachsen würde und ich dann hinter ihr nur mehr schwer etwas Neues würde pflanzen können. Es ist mir sichtlich schwergefallen, aber irgendwann habe ich dann doch das Loch für die neue Clematis gegraben. Wenn auch mit viel schlechtem Gewissen und besänftigendem Gemurmel.

Ich wünschte mir, noch viele weiß verputzte oder hölzerne Wände zu haben, an denen ich etwas hochklettern, -ranken oder -schlingen lassen könnte, auch wenn die Blätter nun fallen und die zurückbleibenden Äste und Stiele nicht immer die perfekte Form haben. Allein ihr Vorhandensein vermittelt die Gewißheit, daß sie demnächst wieder austreiben werden, daß das Leben der Pflanzen den Winter über nur ein wenig zur Ruhe gekommen ist.

Schattengedanken

Im Salzkammergut ist meist der Herbst die schönste aller Zeiten. Es ist die Zeit für Wanderungen. An den Rändern der Forststraßen blühen Eisenhut und natürlich Schwalbenschwanzenzian. Die eine oder andere Königskerze schaut noch immer souverän ins Land, winzige Leinkräuter sind da und dort zu entdecken, wie auch ein rosafarbener, kleinwüchsiger Zarter Enzian *Gentiana tenella*, der mir erst letztes Jahr zum ersten Mal in die Augen fiel.

Wenn nicht mehr allzuviel blüht, schenkt man dem wenigen größere Beachtung, dabei ist die alpine und voralpine Flora ohnehin besonders artenreich und farbintensiv. Diese Gegend verwöhnt einen mit ausgedehnten Naturstandorten: Schneerosen, Pestwurz, Seidelbast, wilde Aurikel, Maiglöckchen, Frauenschuh, Türkenbund, Almrausch, verschiedene Enziane, Waldrebe, Knabenkraut, Kohlröschen, Storchschnabel und ähnliche Pflanzen, deren Schönheit bei gelegentlichen Wald- und Bergwanderungen ausführlich gewürdigt wird. Dennoch, solange der Garten einen voll in Anspruch nimmt, kommt man seltener in die Wälder als im gartengemütlichen Oktober. Zeit also, sich auch aus einiger Entfernung in Ruhe Gedanken über den eigenen Garten zu machen und die Pflanzen Revue passieren zu lassen, die sich besonders gut ins Gesamtbild des Gartens gefügt haben.

Da vor unserem Garten hier nichts als Wiese war, gibt es auch nicht viel Schatten, bis auf den, den das Haus wirft. Die paar Bäume, die gepflanzt wurden, sind noch nicht groß genug, um als Schattenspender eine Rolle zu spielen.

Das einzige Schattenbeet liegt also an der Nordost-Seite des Hauses und vollzieht die Hangbewegung mit. Aber auch dieses Beet liegt nicht zur Gänze im Schatten, das heißt, am Morgen bekommt fast das ganze Beet eine Zeitlang Sonne, und das genügt einem weißen Herzlstock, wie man *Dicentra spectabilis* ›Alba‹ hier nennt, aber auch einer rosafarbenen und einer weißen Bauernpfingstrose, um prächtig zu blühen. Während andererseits Schatten genug ist, um Straußfarn *Matteuccia*, Wurmfarn *Dryopteris filix-mas* und Perlfarn *Onoclea sensibilis* in üppigen Büscheln den Beetrand entlangwuchern zu lassen.

Doch was wäre dieses Beet ohne die Funkien. Funkien sind in erster Linie Blattpflanzen, sagt man, obgleich die weiß bis fliederfarbenen Blütenkerzen dieser Herzlilien, aus der Nähe betrachtet, in ihrer filigranen Schönheit einige

Blütenpflanzen mit Leichtigkeit ausstechen. Ich habe die Horste in verschiedenem Grün miteinander gemischt, eine weiß blühende *Hosta plantaginea* namens ›Wayside Perfection‹ mit einfärbig grünen, leicht gerippten Blättern neben einer Grünrandfunkie *Hosta fortunei* ›Aureomaculata‹ mit gelben, herzförmigen Blättern, die von einem grünen Rand eingefaßt sind, daneben breitet sich eine graublaue, kompaktblättrige, hellviolett blühende *Hosta tardiana* ›Eisvogel‹ (Halcyon) aus, die wiederum als Nachbarin die Goldfunkie *Hosta fortunei* ›Aurea‹ mit grüngerippten Blättern und gelbem Rand hat. Sind die Blätter einmal groß und fest genug, scheinen sie den Schnecken auch nicht mehr so gut zu schmecken. Schnirkelschnecken verwenden die Blattachseln manchmal als Schlafplatz, ohne sie zu durchlöchern, dennoch entferne ich nach Möglichkeit eine jede, die ich im Bereich der Funkien antreffe.

Und da ich mich für gewöhnlich mehr auf der Terrasse an der anderen Seite des Hauses aufhalte, habe ich mir noch eine *Hosta plantaginea* ›Royal Standard‹, die mehr Licht verträgt, in einen Terrakottatopf gesetzt, um ihre glänzend grünen Blätter täglich vor Augen zu haben. Und sozusagen als Hosta-Kick steht auf dem Gartentisch eine Zwergfunkie *Hosta japonica var. minima* ›Heimii‹, die in diesem Jahr zum ersten Mal geblüht hat, nachdem ich sie im Vorjahr unter den Überschußpflanzen des Botanischen Gartens Wien, beim Belvedere, in einem kaum wahrzunehmenden Fingerhuttopf aufgestöbert hatte.

Schnirkelschnecke
auf Lenzrosenblatt

Ansonsten wachsen im oberen Teil des Schattenbeets noch Hirschzungen-
farn und Frauenhaarfarn, Goldnesseln und im Frühjahr Bärlauch, der übrigens
ebenfalls sehr hübsch blüht, eine *Clematis montana rubra*, die das Haus bis
zum Giebel hochgeklettert ist, Immergrün, Dost, ein Mädesüß, das zugelaufen
ist und in diesem trockenen Frühjahr von Mehltau befallen wurde, so schlimm,
daß ich es zur Gänze zurückschneiden mußte, die omnipräsenten Akeleien,
ein paar Erdbeeren, die es nicht lassen konnten, Boden zu besetzen, und im
Herbst dann eine kriechende *Clematis youngii praecox*, die mit ihren hellen
kreuzförmigen Blüten beinah das ganze Beet überzieht und es sozusagen zum
Abschluß des Gartenjahres noch einmal zum Leuchten bringt.

Der zweite Platz, an dem es von Jahr zu Jahr mehr Schatten gibt, da die
Büsche rasch wachsen, ist ein Dreieck im Hang, dessen Mitte von einem Frucht-
holler eingenommen wird, der von drei samtig schimmernden Bluthaseln
umgeben ist. Früher standen da Taglilien, die ich letztes Jahr verpflanzen
mußte, da sie nicht mehr genügend Licht für ihre großen farbintensiven Blüten
erhielten.

Dafür habe ich an den Fuß der Büsche Maiglöckchen und Elfenblumen
Epimedium rubrum gepflanzt. Im Frühling, wenn das Laub der Büsche noch
klein ist, wachsen cremefarbene Tulpen mit grünen Streifen zwischen den
anderen Pflanzen hervor. Auch hat sich mittlerweile eine selbst ausgesäte
Stinkende Nieswurz *Helleborus foetidus* dort etabliert.

An den beiden kurzen Seiten des Dreiecks hatte ich letzten Herbst noch
zwei Schildblätter *Darmera peltata* gepflanzt, die unter den Büschen mit ihren
ansehnlichen Blättern etwas hermachen sollten. Aber da ich die Bluthaseln
ziemlich radikal ausgeschnitten hatte und der Früsommer – wie schon gesagt –
eher sommerlich als früh war, machte eines der Schildblätter schlapp. Um
ihm den nötigen Schatten im Wurzelbereich zu verschaffen, stellte ich einen
großen Keramiktopf mit *Cosmos atrosanguineus*, der Schokoladenblume,
davor, deren ochsenblutfarbene Blüten gut mit dem Rotton der Bluthaseln
harmonieren.

So war allen geholfen, und auch das Schildblatt kam wieder zu Kräften.
Dennoch wartete ich diesen Sommer vergebens darauf, das Schildblatt blühen
zu sehen. Ich dachte schon, es sei verkommen, da es nicht, wie erwartet, zuerst
seine doldentraubigen rosa Blüten emporreckte, sondern gleich mit seinen
Blättern ausfuhr. Aber so ist es mit vielen Pflanzen hier, nämlich, daß sie
ein paar Jahre brauchen, bis sie sich in dieser Seehöhe wirklich eingelebt

haben und sich so benehmen, wie sie sollen. Wahrscheinlich liegt es am rauheren Klima oder auch daran, daß der Boden kein alter Gartenboden ist, sondern ungedüngte Wiese, die erst so nach und nach, durch Verbesserung mit Kompost und zugekaufter Gartenerde, zum Gartenboden wird. Was den Trockenrasenpflanzen gefällt und sie erst so richtig zum Blühen bringt, ist für reichen, feuchten Boden bevorzugende Pflanzen, gelinde gesagt, gewöhnungsbedürftig. Aber mit ein bißchen Hilfe von seiten der Gärtnerin schaffen es die meisten.

Nordwestseitig gibt es natürlich ebenfalls Schatten, zumindest bis in den Nachmittag hinein. Dort stehen die Kompostbehälter und an der äußeren Wand, einem Holzgitter, rankt sich Efeu empor, dem es dort aber noch immer zu sonnig ist, und so setzt er alles daran, durch das Holzgitter nach innen zu wachsen, wo er seine wunderbar grün glänzenden, dreifingrigen Blätter bis zum Boden hängen läßt. Leider werden sie ihm immer wieder von den garagierten Autos abgefahren, was ihn aber nicht zu stören scheint. Im Gegenteil, sein Behang wird an der Innenseite immer dichter, während er sich nach außen hin eher ein wenig schäbig, um nicht zu sagen räudig gibt.

Ein paar rosa blühende Astilben haben sich zu den Maiglöckchen an seinem Fuß gesellt, und ein weiß panaschierter Giersch hält sich im Gegensatz zu seinem grünen Verwandten, beinah zu sehr in Grenzen. Schade, denn bei ihm würde ich mir das Wuchern wünschen, aber so wie fast alle panaschierten Pflanzen hält auch er sich vornehm zurück. Das einzige, was ich an dieser Seite des Hauses zu tun habe, ist, das Indische Springkraut zu zähmen, das sich um die Kompostbehälter sehr gut macht, ansonsten aber mit Verbreitungsverbot belegt ist. Wäre ich weniger streng mit ihm, würde der ganze Garten wahrscheinlich in Kürze zu einer einzigen Springkrautplantage werden, denn es nimmt weder Schatten noch Sonne übel. Und auch wenn es gelegentlich bei Hitze schlappmacht, der nächste Regen richtet es wieder auf. Bei Salzkammergut-Schnürlregen aber nimmt es schlichtweg Mammut-Formen an.

Straußfarn

Landunter

Unter dem 12. Dezember finde ich folgende Eintragung in meinem Gartentagebuch: *Klirrende acht Grad minus gegen 7 Uhr morgens. Ein pastoser Himmel mit einem zimtfarbenen Zwickel zwischen Tressenstein und Rötelstein, der nach einer Weile in zartem Gold verschwimmt. Der Loser hat einen strahlenden Kopf, frostgenau und weißgezeichnet.*

Der Kater kommt auf spitzen Pfoten daher, so als fürchte er, an der gefrorenen Hundespur des Vortags klebenzubleiben. Der Schnee glitzert, wo die aufgegangene Sonne ihn trifft, aber der Rauch aus den Schornsteinen mattiert den Glanz der Dächer wieder.

In dem Buchenwäldchen Richtung Sommersbergersee lugen an den schnee-armen Südhangseiten überall schon die Schneerosenknospen hervor. Abgestorbene Baumriesen ohne Rinde, marmorglatt, liegen überall verstreut. Ein riesiger drei-stämmiger Buchenkoloß hält eine Ahornruine umfangen, die die Form einer Nymphe hat, voller Misteln und mit einem langen, über den Verfall triumphieren-den Ast, der im Frühling gewiß wieder austreiben wird.

Mein ältester Ritterstern, ein dunkelroter, hat seine Blüten bereits geöffnet, und der andere, der gestreifte, wird es demnächst tun. Eine wunderbar blau-violett blühende Sinningia, die mein Mann als Geschenk einer Arzneimittelfirma, gekonnt verpackt, jedoch so gut wie hinüber, zu Sommeranfang mitgebracht hat, ist mit dem Leben davongekommen und setzt zur dritten Blütenglocke an. Die Kranzschleife, die ich ebenfalls im Juni geschenkt bekommen habe, blüht gerade zum zweiten Mal ab.

Ich freue mich immer, wenn ich mich an Blühendes erinnere, auch wenn es die Blüten von Topfpflanzen sind, die ich mir selbst nie gekauft hätte. Doch irgendwie verstehen sie es, sich einem ins Herz zu stehlen, indem sie über-eifrig blühen und sich von ihrer schönsten Seite zeigen, so als bedeute es ihnen tatsächlich etwas, gerade in dieser Wohnung und auf diesem Fenster-brett zu stehen.

Die *Sinningia* blüht auch heuer schon zum zweiten Mal, nachdem ich sie im Sommer nach der ersten Blüte ziemlich reduziert, das heißt, Blätter und Triebe ausgebrochen habe. Und die Kranzschleife reckt immer wieder elendslange spitze Triebe zur Vorhangstange empor, die ich herunter-hole und dann kunstvoll in die bereits vorhandenen Schleifen zu stecken trachte.

Vorhergehende
Seiten:
Spätherbst

Es war ebenfalls letzten Dezember, daß ich eine riesige Zyklame geschenkt bekam, die in einem geradezu provokanten Zyklamenrot über und über blühte. Mit makellosen, schön gezeichneten Blättern, die über den gerüschten Rand des weißen Krepp-Papiers hingen. Man konnte gar nichts anderes als ›schön‹ dazu sagen. Dennoch war sie nicht wirklich nach meinem Geschmack. Zu perfekt, geradezu künstlich, beinah industriell hergestellte Massenware, dachte ich. Auch wußte ich lange nicht, wohin mit ihr, da sie kein direktes Sonnenlicht haben und auch nicht zu warm stehen möchte.

Da mir kein anderer Platz einfiel – die in Frage kommenden waren alle längst besetzt –, stellte ich sie aufs Klofensterbrett. Sie würde es mir schon nicht übelnehmen. Und um sie beim Gießen nicht zu vergessen, gab ich ihr jeden Morgen den Rest aus meinem nächtlichen Glas Wasser. Sie gedieh und blühte, blühte und gedieh.

Doch dann bemerkte ich, daß sie schmollte, wenn ich einmal ein paar Tage auf Reisen war. Die Nachbarin goß sie zwar verläßlich, dennoch ließ sie bei meiner Rückkehr regelmäßig die Blätter hängen, obwohl sie keinesfalls ausgetrocknet war, doch erfing sie sich innerhalb eines Tages wieder.

Als dann kein Frost mehr drohte und die meisten Töpfe ins Freie oder auf die untere Veranda kamen, übersiedelte ich auch die Zyklame. Sie war abgeblüht, ich hatte alles entfernt, was zu entfernen war, und da stand sie nun, frisch im Laub, neben Fuchsien und Aurikeln. Und begann wieder zu

Frauenmantel

schmollen. Ich goß auch die anderen nicht täglich, sie aber legte offenbar Wert auf den allmorgendlichen Austausch von Freundlichkeiten, und erst als ich ihr den erwarteten Schluck wieder täglich gab, stellte sie die Blätter auf und fing – es war beinah zum Lachen – an meinem Geburtstag Anfang Juli vehement zu blühen an.

Also stellte ich die Zyklame zur Dekoration auf den Geburtstagstisch. Im schattigen Bereich der Terrasse, versteht sich, aber am Nachmittag kam auch die Sonne hin, was ihr ebensowenig etwas auszumachen schien wie seinerzeit das Klofenster. Nur daß ich sie jetzt sogar von der Küche aus sehen konnte. Und sie blühte und blühte.

Natürlich mögen einen nicht alle Zimmerpflanzen so gern. Ich besaß viele Jahre hindurch einen Christusdorn, der zwar auch dauernd blühte, aber insgesamt ziemlich anämisch wirkte und immer so aussah, als fehlte ihm etwas. Da ich von Haus aus dazu neige, meine Pflanzen eher zu ertränken als zu trocken zu halten, dachte ich zuerst, er stehe nur einfach zu naß. Also nahm ich mich zurück, goß ihn nur ganz wenig und redete ihm gut zu auf seinem vollsonnigen Platz.

Aber es änderte sich nichts. Irgendwann verlor ich dann die Geduld und verschenkte ihn. Danach hörte ich sagen, daß man ihn nie drehen dürfe. Aber da war er schon weg. Außerdem konnte ich mich gar nicht erinnern, ihn viel gedreht zu haben. Schließlich hatte er einen Übertopf,

Gefüllte Aurikel

auf den ein Blumenstrauß gemalt war, und der sollte ohnehin immer in den Raum schauen.

Mein Geldbaum hingegen versteht sich aufs Freudemachen. Er hat bereits zweimal geblüht, nur dieses Jahr verzichtete er darauf. Vielleicht ist ihm der Hydrotopf, in dem er seit jeher steckt, zu eng geworden. Doch auch ohne Blüten schaut er ausgesprochen einnehmend aus.

Sobald der Garten im Schnee versinkt, lehne ich mich zurück und nehme sozusagen Urlaub. Die Pflanzen sind alle mit Reisig abgedeckt, weniger der Kälte wegen, gegen die sie der Schnee ohnehin schützt, als wegen der Sonne, die hier in den Bergen auch im Jänner schon recht kräftig *hinheizen* kann, wenn der Schnee irgendwo eine Lücke gelassen hat oder gar geschmolzen ist. (Die Jahreszeiten widerstehen sogar der Globalisierung und bleiben unberechenbar.) Vor allem im März ist dann die Gefahr des frühzeitigen Wachstums, der Austrocknung und sogar der Verbrennung groß, daher ist Schutz angebracht.

Es beruhigt ungemein, den ganzen Garten, großzügig weiß verpackt, nur mehr als Umriß wahrzunehmen und ihn für eine Weile einfach bleibenzulassen. Was natürlich nicht heißt, daß er einen nicht mehr beschäftigt. Denn nun kommt die Zeit der Kataloge und der neuen Begehrlichkeiten. Ich sitze dann auf einem über und über mit Broschüren bedeckten Sofa und versuche mir vorzustellen, was noch in meinen Garten passen würde beziehungsweise was in ihm Platz hätte. Und keiner soll sagen, daß die Qual solcher Entscheidungen nicht mit einer Überanstrengung der Vorstellungskraft einherginge.

Später finde ich dann manchmal beim Aufräumen solche Pflanzpläne mit ihren Pflanzenlisten wieder, die ich mir gemacht und dann doch nicht ausgeführt habe, da sie weit über das Mögliche hinausgegangen wären. Und die Kataloge hebe ich ohnehin alle auf. Es könnte ja sein, daß man den Namen einer Pflanze sucht, die nicht mehr lieferbar ist und deren Namen man noch dazu vergessen hat. Im alten Katalog aber existiert sie, wie unter Schnee, einfach fort.

Gärtnern in Gedanken

Es ist Hochwinter, der Garten ist so tief verschneit, daß seine Umrisse
kaum mehr zu ahnen sind. Nur an den Stellen, an denen die Zaunlatten
des Gemüsegärtchens in die Höhe ragen, zeichnet sich im Schnee eine leichte
Zickzacklinie ab. Die Eiszapfen reichen an manchen Stellen beinah bis zum
Boden und verleihen dem Haus etwas Ungetümartiges, so als fletsche ein
urzeitliches Wesen die Zähne. Und wenn es dann tagsüber ein wenig taut, entsteht bald darauf Harsch, und die Katzen und Hunde nehmen ihren Weg über
die begrabene Blutbuchenhecke, ohne mit den Pfoten einzusinken. Vor allem
die Katzen, die über einen guten Orientierungssinn verfügen, scheinen diese
Hochstraße zu genießen. Mein alter rotfelliger Freund Maxi setzt sich jedes Mal
an der höchsten Stelle hin und betrachtet ausgiebig die Umgebung, so wie er es
bei Schlechtwetter gerne von einer Fensterbank im ersten Stock aus tut.

Der See ist zugefroren, und an den sonnigen Nachmittagen ziehen sich
immer mehr Pfade über das Eis, blank gescheuert von den Schneestiefeln der
Spaziergänger, die bis nach hinten in die Seewiese wandern und, wenn sie früh
genug aufgebrochen sind, im großen Bogen zurück zur Seeklause, in Richtung
Sarstein, das heißt gegen Sonnenuntergang.

So sollte es im Jänner und im Februar sein, eisig, voller Schnee und mit
einer strahlenden Sonne, die sich gelegentlich in den Kristallklunkern aus
Schmelzwassertropfen, die an den Büschen und Bäumen in den Waldpartien
hängen, fängt und einen geradezu blendet.

Hier gibt es kaum Nebel, und wann immer ich im Jänner mit Wien telefo-
niere, höre ich, daß dort alles grau in grau sei, während hier … Mit einem Wort,
wir sind besser dran, es sei denn, man würde das viele Schneeschaufeln und die
klirrenden Minusgrade dagegen aufrechnen.

Es ist aber nicht immer so, wie es sein sollte, weder in den Winter- noch
in den anderen Monaten. Im letzten Jahr war es zwar beinahe so, mit einer
liegenden Schneedecke den ganzen Winter lang, aber der See ist doch nicht
trittfest zugefroren.

Der Garten war jedenfalls meinem Blick entzogen, was natürlich nicht
heißt, daß er mir auch aus dem Sinn gekommen wäre. Bei so viel Schnee eher
weniger, als wenn einen die Natur in einem aperen Winter mit Hängen voller
Schneerosen ablenkt, was vor drei Jahren der Fall war. Es gab einen Spaziergeh-
Jänner und einen ebensolchen Februar. Und als an manchen Stellen bereits

Samenstand
einer Lenzrose

*Echinacea
purpurea* ›White
Swan‹ mit dem
Kleinen Gelben
Wiesenvögelchen

Huflattich blühte, Seidelbast zu sichten war und die Schneeglöckchen unter den Hecken hervorlugten, zeigte der März, daß er um Schnee nie verlegen ist, und lud seine gesamten Reserven innerhalb von wenigen Tagen auf das allenthalben in Gang gekommene Blühen ab.

Trotz aller Verbesserungen bei den Vorhersagen bleibt das Wetter spannend, und selbst die ausgepichtesten Wetterhexen können sich irren. Dennoch darf man davon ausgehen, daß im Jänner und im Februar das Gärtnern vor allem im Kopf stattfindet. Eine gute Gelegenheit, den eigenen Garten in aller Ruhe zu *bedenken* und das stets wache Gärtnergewissen zu erforschen. Sich die vorhersehbaren Mühen des Frühjahrs besser einzuteilen als im Vorjahr, im Gartentagebuch nachzulesen, um all die Schätze, die man ein- oder ausgegraben hat, noch einmal in Erinnerung zu rufen, sich zu überlegen, was von den selbst gezogenen Sommerblumen der Mühe wert war und was enttäuscht hat oder sich mit den gebotenen Bedingungen nicht zufriedengeben wollte.

Ich hatte es nicht übers Herz gebracht, *Rhodochiton atrosanguineus*, das Kletterbäumchen, das nicht winterhart ist, auch an den Stellen auszurupfen, an denen ich keine Clematis gepflanzt hatte. Im Gegenteil. Not, aber auch Liebe, machen erfinderisch. Die Kletterbäumchen wuchsen gleich neben der Küchentür, geschützt durch ein Vordach, und so tat ich noch ein übriges, ich leerte eine dicke Schicht Styroporkugeln über ihre Füße, deckte sie mit Fichtenreisig ab und nährte, das heißt, ich nähre die Hoffnung noch immer, daß sie durchkommen mögen. Nicht daß ich ernsthaft damit rechnen würde, aber wer nicht mehr an Wunder glauben kann, hat auch nicht die richtige Seelenlage fürs Gärtnern. Immerhin, sie haben ihre Chance. Nur wer die Chance hat, kann sie auch nützen.

Und so soll auch der ›Grüne Zauberer‹ *Rudbeckia occidentalis* seine Chance haben, obwohl er zu den schlechten Nachrichten gehört. Es handelt sich dabei um einen grün blühenden Sonnenhut mit schwarzbrauner kegelförmiger Mitte, eine Pflanze, die ich auch noch nie in natura gesehen habe, deren aparte Erscheinung auf dem Bild mich jedoch sehr beeindruckt hatte.

Der ›Grüne Zauberer‹ keimte ohne Probleme, wuchs und gedieh, ja er sah von all meinen Sämlingen mit Abstand am besten aus, und als er mir groß und kräftig genug erschien (buschig und etwa 30 cm hoch), setzte ich ihn an verschiedenen Stellen im Garten aus, um herauszufinden, wo es ihm am besten gefiele. Offensichtlich hat es ihm nirgends so recht gefallen. Nicht nur, daß ich ständig Schnecken von ihm abklauben mußte, einige Exemplare krümmten sich merkwürdig, und alle verweigerten weiteres Wachstum, von Blüten gar nicht zu reden. Da der ›Zauberer‹, der eher eine Zauberlehrlingsvorstellung gegeben hat, mehrjährig ist, kann man ihm die mangelnde Blühfreudigkeit im ersten Jahr wohl nachsehen, obgleich auf der Packung so getan wurde, als wolle er nichts lieber, als sogleich in Blüten ausbrechen, aber seine Mickrigkeit hat mich schwer enttäuscht.

Vielleicht überlegt er sich nun unterm Schnee in aller Ruhe, ob er in meinem Garten wachsen will oder nicht. Es wäre nicht die erste Pflanze, die sich in diesem rauhen Klima die Freiheit nimmt, mit der Zeit anders als erwartet umzugehen. Jedenfalls will ich mein Gewissen nicht damit belasten, daß ich ihn zu rasch durch willfährigere Blütenpflanzen ersetze. Wie gesagt, auch er soll seine Chance haben.

Nachrausch

Es gibt hierorts den Brauch, ein Fest, bei dessen Ausrichtung man sich als Gastgeber, Veranstalter oder sonstiger Helfer ziemlich abgerackert hat, im kleinen Kreis nachzufeiern. Das nennt man dann *Nachrausch*. Ähnlich ergeht es Gärtnern und Gärtnerinnen, wenn sie sich all das Prächtige, das es trotz Witterungsunbilden, Schädlingen und sonstigen Katastrophen gegeben hat, noch einmal ins Gedächtnis rufen. Man blättert in den Aufzeichnungen, schaut die Fotos an und berauscht sich im nachhinein an der Eleganz der Fritillarien, der Perfektion der Aurikel-Blüten, der Üppigkeit der Pfingstrosen, am Rosen- und Phlox-Gepränge und an den Storchschnabel-Teppichen.

Aber im Ernst, es war ein Iris-Jahr, zumindest in meinem Garten. Wahrscheinlich war es zur richtigen Zeit naß und dann trocken, und als die sintflutartigen Regengüsse im Juni allen das Leben schwermachten, waren die meisten Irisse ohnehin schon am Abblühen. Die Nachfreude darüber ist genauso groß wie die Freude, als sie tatsächlich blühten, und die Vorfreude auf den nächsten Frühsommer, in dem hoffentlich auch diejenigen sich in ihr Programm bequemen, die sich in diesem Jahr noch geziert haben.

Die Fotos sind sozusagen der Beweis, daß man nicht einer verklärenden Erinnerung aufsitzt. Es hat tatsächlich im März, fast noch unterm Schnee, mit violettblauer *Iris reticulata* begonnen, sich bald darauf mit gelber *Iris danfordia* fortgesetzt und seinen ersten Höhepunkt in der zauberhaft weißgelben Geweihiris *Iris bucharica* gefunden, die – da bei Feldwebers in Ort im Innkreis das Klima viel milder ist als bei uns in den Bergen – bereits blühend hier ankam und dann im Steingarten mit der Frische ihrer Farben den Schnee, der noch ein paar Male nachschneite, geradezu alt aussehen ließ.

Bald darauf hißten die Zwerge, ebenfalls im Steingarten, die Flaggen: ›Oliver‹, ›Footnote‹, ›Demon‹, ›Regards‹, ›Knick Knack‹, ›Cherry Garden‹, die stets verläßliche ›Gingerbread Man‹, ›St. Pauli‹ und sogar die zierliche, spitzblütige ›Zipper‹. Auch waren ihre kleinen Schwerter nicht so von Schnecken zerfressen wie in den Jahren zuvor, einerseits weil es dieses Frühjahr erheblich weniger Schnecken gab, andererseits versuchte ich, sie zumindest im Steingarten mit einer Mischung aus Split, zerstampften Eierschalen und Ferramol auszutricksen.

Iris mellita, die sichelblättrige, blühte sogar in einer Fuge zwischen den Terrassensteinen, wo sie sich seit Jahren blütenlos die Zeit vertrieben hatte, und

Vorhergehende Seiten:

›Hero‹ im Schnee

Geweihiris

Iris swertii, eine mittelalterliche halbhohe, die auf Bildern alter Meister zu bewundern ist, hatte wieder einmal viele ihrer weiß-violettblauen kleinen Helme aufgesteckt, nachdem sie ein paar Jahre pausiert hatte.

Danach gaben die hohen Schwertlilien ein beeindruckendes Gastspiel, von ›Louvois‹ über ›Autumn encore‹ bis zu ›Lady Mohr‹, einschließlich ›Omas Sommerkleid‹ und den weißen, stark duftenden ›Tranquility‹ und ›Snow Carneval‹. Gar nicht zu reden von den hell- bis dunkelblauen, robusten und jedes Jahr blühenden *no name Iris germanica*-Sorten.

Iris flavescens, eine heimische gelbliche Wildiris, blühte sozusagen aus dem Karton, kurz nachdem ich sie geschickt bekommen hatte, eine Pflaumen-Iris, *Iris graminea*, belohnte meine Geduld zumindest mit einer blaubunten Blüte. Gegen Ende Juni setzten dann die *Iris sibirica*-Sorten ›Dreaming Spire‹ und ›Butter and Sugar‹ den Reigen fort.

Was aber bliebe mir zu wünschen übrig, wenn *Iris elegantissima*, von der ich endlich eine kostbare Knolle ergattern konnte, *Iris persica* und *Iris iberica*, bei denen mir das ebenfalls glückte, auch schon in diesem Jahr geblüht hätten? Ich konnte sie zusammen mit *Iris sanguinea*, *Iris latifolia* und *Iris aphylla var. polonica* im Frühjahr erstehen und fiebere nun dem nächsten Frühsommer entgegen, in dem sie sich hoffentlich von ihrer besten Blütenseite zeigen werden. Iris-Liebhaber sind an geduldiges Warten gewöhnt. So hat *Iris fulva*, eine Louisiana-Hybride, sich noch ein Jahr Blühruhe verordnet, obwohl ihre

Gefüllter
Schlafmohn

Blattschwerter gesund und üppig in die Luft stechen. Auch die kleine Iris, deren Samen mir meine Schwägerin aus Nepal mitgebracht hatte und die dann letztes Jahr nach geraumer Zeit endlich gekeimt hat, machte zwar hübsche Blätter, doch zu mehr hat sie sich noch nicht aufraffen können.

Dennoch, es war alles in allem ein Iris-Jahr, und die Freude darüber läßt mich schon wieder in allen Katalogen nach neuen Iris-Arten und -Sorten stöbern, obwohl ich mir fest vorgenommen habe, mich zu bescheiden und erst einmal abzuwarten, ob auch die komplizierteren Schönen dieser Spezies mir die Ehre ihres Auftritts erweisen. Wobei ich unter den komplizierteren diejenigen verstehe, die aus Bergregionen mit kontinentalem Klima stammen. Was die Kälte anlangt, kann Aussee durchaus mit dem ostanatolischen Hochland mithalten, nicht aber in puncto Hitze. Da die genannten allesamt keinen anhaltenden Sommerregen und schon gar keine Staunässe vertragen, habe ich sie unter den südöstlichen Dachvorsprung gesetzt, wo sie nicht einmal bei Unwettern naßgeregnet werden. In der Wachstumszeit muß ich sie zwar ausreichend gießen, dafür kann ich sie im Sommer mehr oder weniger vergessen. Wenn es stimmt, was in all den schlauen Iris-Büchern steht. Ob sie das allerdings zum Blühen bringen wird, ist eine andere Frage. Von den Blättern her geht es ihnen allen an ihrem trockenen Standort jedenfalls gut.

Die Nachricht des Sommers war ein Bericht aus England über besoffene Igel, die die Bierfallen der Schnecken leertrinken und dann, auf der Seite liegend, anstatt sich einzurollen, in Gemüsebeeten oder gar auf der Straße schnarchend ihren Rausch ausschlafen. Ein nicht unkomischer Anblick. Doch leider verlieren viele Igel auf diese Weise ihr Leben. Saufen kann Ihre Gesundheit gefährden, müßte auf allen Bierfallen geschrieben stehen.

Womit wir wieder bei den Heerscharen der Schnecken wären, die sich – mit oder ohne Bier – im Frühsommer deutlich gelichtet hatten, doch sorgte der nasse Juni gleich wieder für entsprechenden Nachschub. Und einer dieser fetten Lümmel raspelte gleich zweien meiner neuen Prachttulpen den Kopf ab, das heißt, er biß einfach den Stengel durch und begnügte sich dann mit ein paar Knabberspuren an der Blüte. Der reine Mutwille also.

Dabei wurde ich in diesem Frühjahr auch noch zum Tulpen-Fan. *Tulipa clusiana* öffnete bei Schönwetter ihre cremefarbenen, zipfelförmigen Blüten und schloß sie bei Schlechtwetter wieder, wobei die braunrosa überhauchte Außenseite der Blätter dem Grau des Regens Paroli bot. Auch hatte ich so wunderbare Sorten gesteckt wie die lilablaue ›Blue Parrot‹, die rosagrüne *Viridiflora* ›Spring Green‹, eine herrliche rosa-weiß gefüllte namens ›May Wonder‹ und eine schwarzbraun gefüllte namens ›Uncle Tom‹. Die beiden letzteren hatten übrigens die Konsistenz von Pfingstrosen und blühten auch ziemlich lang. Der Formenreichtum der Tulpen hat nicht nur zugenommen, es gibt auch immer prachtvollere Sorten. Und gerade im Frühjahr ist man dankbar für die großen Blüten, vor allem solange die Blätter der meisten anderen Pflanzen noch klein sind und die Beete manchmal geradezu nackt wirken.

Eine Überraschung war auch ›Sarastro‹ (*Campanula punctata x Campanula trachelium*), eine wunderbar buschige Glockenblume von Kreß, von der ich im Vorjahr zwei Stück gekauft hatte. Sie blühten im Frühsommer, und da ich sie rechtzeitig von allem Abgeblühten befreite, blühten sie noch einmal nach. In diesem Jahr aber erreichten sie geradezu das Doppelte an Volumen, und die Zahl ihrer Blüten hatte sich wohl verdreifacht. Die rosa Pechnelke *Lychnis viscaria* ›Plena‹, die ich mir so hübsch dazu vorgestellt hatte, blühte zwar um einiges früher, doch war ich schon froh, daß sie auch mit meinem eher kalkhältigen Boden gut zurechtkam und das Beet um ihr kompaktes Rosa reicher gemacht hat.

Von der Geduld war schon die Rede, jener so oft beschworenen und so schwer zu übenden Gärtnertugend Nummer eins, doch sie bringt nicht nur Rosen, sondern auch Akebienblüten, selbst wenn ein später Frost mit dem ersten Austrieb der fünffingrigen Blätter dieser Kletterpflanze ein böses Spiel getrieben hat. Die Blätter wuchsen aber rasch wieder nach, und die dunkelpurpurnen, an Pfaffenhütchen gemahnenden Blütchen verzauberten erstmals seit drei Jahren für zwei Wochen das ganze Rankgitter.

Auch *Actinidia kolomikta*, die Kiwi-Schwester, die am Schuppen hochrankt, legte zum ersten Mal durchgehend ihre drei Farben auf, Rosa, Weiß und Grün, deretwegen ich sie einst gekauft hatte, und machte tatsächlich vor der dunklen Wand etwas her. Inzwischen hat sie es auch aufgegeben, durch das nur mit einem Holzgitter verschlossene Schuppenfenster zu klettern, was ihren Trieben nicht bekommen ist. Sie wurden blaß und starben ab. Offensichtlich hat sie ihre Lektion gelernt und strebt nun aufs Dach. Ob sie den Dachvorsprung meistern wird?

Es bedürfte wohl einer ganzen Reihe von Nachräuschen, um allen Stücken gerecht zu werden, die der Garten auch in diesem Sommer wieder gespielt hat, von den Prärielilien über die verschiedenen Königskerzen und Taglilien bis zu Bleiwurz und den hochschäumenden Herbstfarben der Astern. Aber lassen wir es genug sein und denken wir an die Igel – zu große Trunkenheit macht verwundbar.

Rechte Seite:
Sommerliche Fülle

Nächste Seite:
Akelei vor Bluthasel
und blühendem
Holler

II

Was der Garten
in der Literatur
verloren hat

Nördliches Blütenland

*E*s führt kein Weg daran vorbei! Die *Krötenkönigin* senkt den fetten steinernen Steiß in den aufgeweichten Boden. Es hat einen See um sie herum geregnet, der durch ein Kanalgitter wieder abfließt.

Ich habe mich für schlupfen entschieden. Schlupfen klingt wie Unterschlupf. Ich schlupfe also, wie der Löwenzahn zahnt und der Rittersporn rittert. Unter den Schirm der Hänge-Ulme, unters Dach des Hauses und wieder hinaus unter den tropfnassen Himmel.

Sie rufen nach mir. Ihre fordernden Stimmen, die in meinem Kopf hörbar werden. Nur der Regen läßt sie beinah verstummen. Aber selbst bei Regen gibt es einige, die nach Handreichungen verlangen, etwas übergestülpt haben oder unter den Dachvorsprung gezogen werden wollen.

Der Regen hat die letzten Schneeflecken von den Hängen gespült, und schon spalten sie mit ihren Triebspitzen den noch feuchten Boden. Es wundert mich, daß sie dabei so wenig Lärm machen. Oder dauert es nur zu lange für ein Geräusch?

Dennoch geht es so rasch, daß es zu andauernden Überraschungen führt, sobald sie das Licht erblicken und ihre zu Speerspitzen zusammengezwirbelten Blätter entfalten, bei den von Hand Gezogenen geradeso wie bei den Wilden.

Manche mögen den Wind, gieren nach Einzelplätzen, als sei um sie herum noch immer nicht Luft genug. Diese da ducken sich, lassen andere den Windschutz machen. In deren Schatten sind die kleinen Pfiffigen dabei, die Zwischenräume durch unter- und oberirdische Verbindungslinien zu vernetzen, mit endlosen aromatischen Ranken wie die Gundelrebe oder die Elfenbeindistel, die ihren Wurzelpfahl immer tiefer ins Erdinnere treibt, während sie nach oben hin vorerst nur zierliche grünglänzende Blättchen mit einer Andeutung von Zähnen zeigt, eine spielerische Vortäuschung von Harmlosigkeit, auf die nicht einmal mehr ich hereinfalle.

Seite 131:
Muskatellersalbei

Vorhergehende
Seiten:
Ballhortensie

Dazwischen frische Büschel Gras, dermaßen schleunig aufgetaucht, als habe eine Wiesenwolke sie fallen lassen, und schon sind sie im Boden festgekrallt. Gras gibt niemals auf. Ebensowenig Giersch, der sich auf sein in mehrstöckigen Tiefgeschossen installiertes Leitungssystem verlassen kann, aus dem er jederzeit neu ersteht. Es ist unmöglich, alle seine Nähradern auszureißen. Seine Invasionen in besiedelte Beete sind unwiderruflich.

Die Krötenkönigin

Ich schlupfe hierhin und dorthin. Mache Luft, schaffe Platz, trage Nach-
wuchs aus, nehme Bestellungen auf und serviere. Rede zu, spende Trost, sporne
an oder drohe. In Wirklichkeit bin ich zu Diensten, ausschließlich zu Diensten.
Getrieben von Wünschen, die mir auch noch so kommen, als wären es meine.

Da führt kein Weg daran vorbei! Das weht wieder aus Richtung *Krötenkönigin* herüber.

»Woran?«

Daran, daß … Es fällt ihr sichtlich schwer, die Botschaft in einem einzigen,
vielmeinenden Satz zusammenzufassen. All die Jahrhunderte, die sie an jenem
Kogelweg, halb begraben im feuchten Waldboden, gehockt war, haben ihre
Wahrnehmung eingeschränkt, bis dann eine kleine Esche aus ihrer Achsel
wuchs und ich sie entdeckte. Wieder vergingen ein paar Jahre, in denen wir auf-
einander zu dachten. Plötzlich erfolgte ein Ortswechsel. Kein Wunder, daß sie
sich schwertut mit neuen Schlußfolgerungen. Man unterschätzt gemeinhin
den veränderten Blickwinkel.

Noch hat der Schnee sich nur zurückgezogen, leuchtet grell von den Berg-
gipfeln, steigt immer wieder bis unter die Baumgrenze herab und ist als
Mahnung gegenwärtig, als Mahnung, nicht leichtfertig zu werden. Und liegt
dünn und vergänglich gleich wieder vor der Tür.

Den pflaumen- und malvenfarbenen Lenzrosen macht das nichts aus,
solange sie nur umhüllt und nicht gequetscht werden. Eine Stinkende

Die Engels-
trompete

Nieswurz, die gar nicht stinkt, jedoch lindgrün blüht, hat der Winterschnee diesmal sogar die Krone gekostet, Folge ihres eigenen Fürwitzes. Hat sie sich doch selbst an jenen Platz an der Hausecke gesetzt, an dem Ost- und West-flocken zusammenstieben. Die Mutterpflanze hatte ich seinerzeit ins falsche Quartier eingewiesen, doch wurde sie nicht müde, Kinder auszustreuen, die jetzt an allen Ecken und Enden ums Überleben kämpfen.

»Ein Topf unterm Dach gefällig, der dem Schneedruck weniger ausgesetzt wäre?« Gerade daß ich nicht hausieren gehe mit meinen Hilfsangeboten.

Der junge Abt eines taoistischen Klosters, der mit Freunden vorbeikommt, nachdem sie zuvor gemeinsam die Ausstellung *Der Drache* auf Schloß Trauten-fels besichtigt haben, beobachtet den Bachlauf eine Weile und fragt dann, aus welcher Quelle er sich speise.

Ich antworte: »Aus sich selbst.« Und meine damit die Pumpe, die das Wasser hochtreibt.

Er lacht, als man es ihm auf chinesisch sagt, erklärt aber dann: »Schöner wäre es, wenn der Bach eine wirkliche Quelle einfinge.«

Das leuchtet auch mir ein, aber woher nehmen? Die vielen Rinnsale, die im Frühjahr aus dem Wiesenhang sickern, sammeln sich an der Hinterseite des Hauses und versiegen, sobald die Sonne länger scheint.

Der Abt trägt das Haar in einem Knoten auf dem Kopf, und lange Bart-fäden kräuseln sich bis auf die Verschnürung seiner dunkelblauen Jacke herab. Die Turnschuhe federn seinen Schritt ab. Er verstehe, läßt er mir sagen, warum ich die Stadt verlassen habe und wieder hierher zurückgekehrt sei. Im Einklang mit der Natur lebe es sich besser.

Plötzlich stimmen alle in den Einklang mit ein, sogar die im Keller. Die Oleander greinen. Sie würden Nachtfröste vertragen, was solle denn noch viel kommen. Die Engelstrompete steht voller Läuse und konzentriert sich dermaßen auf deren Abwehr, daß sie entsagungsvoll schweigt. Umso vernehmlicher fordern Dahlien und Hakenlilien mehr Licht, selbst die blauen, roten und gelben Erdäpfel riskieren vorkeimend mehrere Augen.

Ich könnte überall zugleich sein und bliebe dennoch bloß ein ungeschickter Dienstbote, der sich plagt und plagt, seiner Herrschaft Genüge zu tun. Allerdings begabt mit einem einzigen unschätzbaren Vorteil, den Garten jederzeit auf eigenen Beinen verlassen zu können. Was ich zusammen mit dem Abt und den Freunden auch tue.

Manche Berge, meint der Abt, wären belebt, andere nicht. Dieser hier, und er tastet die Trisselwand mit fühlenden Blicken ab, gehöre wohl zu denen, die belebt sind.

Wir essen und trinken hinter großen Glasscheiben, die den kalten Wind abhalten.

Am wichtigsten aber wäre das Wasser.

Dem See zieht eine leichte Gänsehaut auf, und die Ahorne wippen ein wenig, so als machten sie erste Lockerungsübungen vor dem endgültigen Austreiben. Die Schwäne, es sind wieder zwei, ziehen weit nach hinten in die Seewiese, und wir teilen uns zu viert zwei Nachtische.

Auch zu Bäumen ließe sich eine Beziehung herstellen, fährt der Abt, sich den Mund wischend, fort. Der Baum zum Beispiel, unter dem er in seinem Kloster des öfteren meditiere, werde immer spürbarer.

Die Freunde müssen weiter, und wir bekräftigen einvernehmlich, wie gut sich alles gefügt hätte. Eine kurze Begegnung, eine Essensbegegnung, jedoch auf ihre Weise nachhaltig.

Wieder im Garten, kommt mir die Geschichte vom nutzlosen Baum aus Dschuang Dsis *Südliches Blütenland* in den Sinn, der so groß und mächtig geworden war, weil seine Äste krumm und knorrig wuchsen, so daß man weder Bretter noch Balken aus ihnen sägen konnte. Auch gingen seine Wurzeln nach allen Seiten auseinander und eigneten sich nicht zum Herstellen von Särgen. Ich sah nach dem Amberbaum, dessen schrundige, korkartige

Rinde noch viel zu dünne Stämme und Zweige umgab, als daß ihm Gefahr drohte.

Wozu aber nützt der Garten? Steil, wie er ist, können nicht einmal viele Leute darin sitzen. Den Pflanzen ist das sicher gleichgültig, solange sich ihre Bedingungen durch meine Hilfe verbessern.

Wann immer mich Zweifel an der ganzen aufwendigen Veranstaltung anfallen, spielen sie mir Gedanken zu, nämlich, daß sie viel früher auf der Welt gewesen wären und bewiesen hätten, daß sie ohne unsereinen existieren können. Indes wir Säuger genaugenommen von ihnen erzeugt worden wären. Aus einer Problemsituation heraus – irgend etwas hatte mit dem überschüssigen Sauerstoff zu geschehen. Und überhaupt, viele Erfindungen, auf die wir uns so viel zugute hielten, hätten sie längst, das heißt lange vor uns, gemacht. Wir wären ihnen also viel eher etwas schuldig als sie uns, noch dazu wo wir und die Tiere uns seit jeher an ihnen mästeten, so wir uns nicht gegenseitig fräßen.

Und daß sie sich so willig in unsere ästhetischen Wünsche und Vorstellungen fügten, hätte mit ihrer grundsätzlichen Bereitschaft zur Zusammenarbeit zu tun, nicht mit unserem Überschuß an Intelligenz. Darum habe auch schon die alte Eiche dem Meister, der sie der Nutzlosigkeit zieh, gehörig heimgeleuchtet: *Du, ein sterblicher, unnützer Mensch, was weißt du denn von unnützen Bäumen?*

Bin ich von Nutzen? Ihnen vielleicht.

Unsereins fällt seiner Neugier zum Opfer, vereinfacht gesagt, dem Begehren, sie blühen zu sehen. Herauszufinden, in welche Gestalt sie sich locken lassen. Was sie vorgeben und wen sie nachahmen. Worin sie uns vorweggenommen haben. Warum zeichnen Kinder so oft eine Blüte anstelle eines Gesichts?

Die Tage verhüpfen sich zu dieser Jahreszeit, dehnen sich, bis die schwangere Iris, der all meine Aufmerksamkeit gehört, endlich gebiert und Anlaß zum Fest der erfüllten Wünsche gibt. Oder ziehen sich zusammen, bis kaum noch eine von den dringend zu erledigenden Arbeiten darin Platz findet.

Die Gier des Gedeihens, mir *implantiert* als Begehren nach immer neuen Blütengesichtern, nach Formen und Düften, die die Natur nicht einfach auf Spaziergängen befriedigt. Da bedarf es schon größerer Anstrengung, um den betäubend duftenden Diptam oder eine weißgelbe Geweihiris sich freispielen zu sehen.

Schon hält mich das Staunen wieder viel zu lange vom nächsten geplanten Schritt ab, das Staunen vor *Fritillaria acmopetala*, einer Verwandten der Schachbrettblume, die ihre bräunlich geränderten, grünlichen Glöckchen bereits ahnen läßt und zur Einkindfamilie geworden ist. Ich pflanzte zwei, jetzt sind es drei. Wie die Schwäne, die immer zu zweit sind an diesem See, dann zu dritt, bis wieder einer für eine Weile allein zurückbleibt und das Spiel von neuem beginnt. Aber das sind Schwäne mit großen Revieransprüchen. Die genügsameren *Fritillarien* brauchen keinen ganzen See und werden sich, wie ich hoffe, weiter vermehren. Der Platz scheint ihnen zuzusagen.

Es ist kühl, viel zu kühl, und dann regnet es lange nicht. An einem warmen Tag zwischen all den kühlen kann man das Wachstum beobachten. Zellen, die Zellen hervorbringen, büschelförmige Büschel, langstengelige Stengel, herzförmige Herzblätter, tropfenförmige Glocken, zungenförmige Kranz-sterne.

Alle erwarten sie, daß ich mich auf ihre Seite schlage im Kampf ums Licht und um den Platz, den sie unbedingt zur Verfügung haben wollen. Aber ich bin parteiisch, wie alle Lebewesen … Erwäge, wem ich die Verdränger vom Leib schaffe und zu wem ich überlaufe, erst recht, wenn es sich um Zugewanderte handelt, mit denen ich nie zu rechnen gewagt hatte. Ein Ackerrittersporn, den es bereits in der nächsten Saison weiterzieht, vom Winde verweht, und doch, selbst als Erinnerung, wohlgelitten. Eine Mariendistel, die als blinder Passagier in einem Topf mit Zittergras in den Garten gekommen ist, sich dann weit über dieses erhebt und ihr weißes Adernnetz weithin leuchten läßt. Hätte ich sie am Ende nicht dulden sollen?

Den Stinkenden Reiherschnabel, dieses Ruprechtskraut, das sich erst bescheiden zwischen die Steine zwängt, wo niemand anderer hinfindet, und dort äußerst filigran für Stimmung sorgt … Wozu es imstande ist, wenn es durch fetteren Boden watet, habe ich mir mehrmals angesehen und gefunden, daß es nicht taugt. Meine Entscheidung? Oder die der kleinen Irisse, die sich deutlich spürbar bedrängt fühlten?

Wer lenkt überhaupt meine Hände, wenn ich schneller etwas ausrupfe, als ich denken kann? Denken heißt in diesem Fall nachdenken, überlegen, ent-scheiden. Meine Hände gehorchen wem? Und vor allem wie?

Etwa so wie meine Sätze der Grammatik? Ich setze ein Wort, und schon fügt sich, was links oder rechts von ihm steht, was vor oder nach ihm kommt, in einen Ablauf. Ob ich will oder nicht. Und selbst wenn ich wollte, würde jede

Glöckchenlauch
Nectaroscordum
siculum

bewußte, willkürliche Veränderung mich einen Teil des Sinnes oder gar die ganze Bedeutung kosten. Hauptsätze, Nebensätze, Umstandsbestimmungen, Subjekt, Objekt, Prädikat. So als wäre die Sprachordnung eine Weltordnung, und doch ist meist ungewiß, wer eigentlich Subjekt und wer Objekt ist. Oft sind wir beides, ohne es auch nur zu ahnen.

Wieso ist mein Auge überhaupt imstande, sich durch die Schönheit von Blüten beeindrucken zu lassen? Warum lassen Blüten so viel mit sich geschehen, um uns zu gefallen? Hilft es ihnen, Terrain wiederzugewinnen? Sind wir es, die ihnen bei der Eroberung neuer Räume am wirksamsten zur Hand gehen? Weiten sie uns den Blick für sich und ihre Situation?

Ich verfolge, wie der lilienartige *Nectaroscordum siculum*, der ein Lauch ist, seine Spur durch die Beete zieht, nachdem seine rosa überhauchten grüngrundigen Glockenbüschel ihre Samen breitwürfig verstreuten. Es hat ein paar Jahre gedauert, bis er sich nun die Freiheit nimmt. Ein vorsichtiger Terrainbeschreiter, der seine Nachkommen als Pioniere ausschickt, da der Platz, an dem er dicker und dicker wird, längst randvoll ist.

Manche der Zwiebeligen narren mich, indem sie sich ein ganzes unterirdisches Jahr nehmen, bis sie – gekräftigt und vor Energien berstend – auch oberirdisch in Erscheinung treten. Oder indem sie sich in nichts auflösen. Madonnenlilien im Topf zum Beispiel. In durchlässige, sorgfältig gemischte Erde gelegt und im Halbfreien überwintert, schlaffen die im Herbst gewachsenen Büschel plötzlich ab, und als ich mich entschließe, die Zwiebeln einfach ins Beet zu setzen, läßt sich die Erde durch ein Sieb rütteln, ohne daß irgend etwas in den Maschen hängenbleibt.

Oder die sibirische Clematis mit den bräunlich purpurnen Zipfelblüten treibt aus, zieht sich wieder zurück, versucht es noch einmal, verschwindet den Winter über vollkommen, so als befinde sie sich während dieser kalten Zeit in einer anderen Erdhälfte, und treibt doch wieder aus, wenn auch an anderer Stelle, mindestens zwanzig Zentimeter von ihrem Namensschild entfernt.

Sie narren mich, und es ist, als könnte ich sie lachen hören, lachen durch zerstäubende Luft, die sich zitternd bewegt.

Wenn sie bloß wiederkommen, selbst wenn es Jahre dauert. Eine japanische Goldbandlilie, von der Borchardt sagt, sie würde nur in dichtem Gras über das erste Jahr hinaus blühen, auf unkrautfrei gehaltenem nacktem Beetgrund sei die Zwiebel im dritten Jahr nicht mehr auffindbar, treibt, nachdem sie sich ein Jahr lang totgestellt hat, in nicht unkrautfrei gehaltenem Beet zweifach aus und berechtigt zu enormen Hoffnungen.

Der Abt hat Spuren an den Abenden hinterlassen. Was ist das *Tao*? Die Bücher aus meinen Regalen geben verschiedene Antworten. Jeder Übersetzer versucht es mit einem anderen Begriff. Einmal klingt es wie Bahn, dann wie Sinn oder wie Weg. Anstatt dem jeder Erklärung widerstrebenden Wort sein anderssprachliches Geheimnis zu belassen.

Tao … so würde die *Krötenkönigin* Laut geben. Und könnte somit auch das gesagt haben: *Ein Weg bildet sich dadurch, daß er begangen wird; die Dinge erhalten ihr So-Sein dadurch, daß sie genannt werden. Worin besteht das So-Sein? Das So-Sein besteht eben im So-Sein.* Eine *Krötenköniginnen*-Weisheit.

Was aber bedeutet das *Tao*? Ich blättere lange: *Es äußert sich nicht in Handlungen und hat keine äußere Gestalt; man kann es mitteilen, aber man kann es nicht fassen; man kann es erlangen, aber man kann es nicht sehen; es ist unerzeugt sich selber Wurzel.*

Eine gute Erklärung, eine geglückte Erklärung, eine tröstliche Erklärung, aus der nichts erhellt und die aus dem *Tao* keinen alten Mann macht, bei dem sich die Religionsgemeinschaften streiten, ob er einen Sohn gezeugt hat oder nicht.

Es hat Bewußtsein, aber keine Gestalt, ähnlich dem Märchenvogel *Zümrüd Anka*, der einen Namen hat und ebenfalls keine Gestalt.

Daß im *Tao* Ich und Nicht-Ich keinen Gegensatz mehr bilden, könnte auch bedeuten, daß wir in die Pflanzen zurückkehren, aus denen wir einst

hervorgegangen sind, ohne daß ich dabei im Sinn hätte, nun den Pflanzen das gesamte *Tao* aufzuhalsen.

Sie sind der Weg, auf dem es uns ergeht, sagt die *Krötenkönigin* nach tagelangem Überlegen.

»Du meinst« – ich duze sie einfach, vor dem *Tao* sind wir alle gleich –, »auf dem wir vergehen.«

Wahrscheinlich würde sie den Kopf schütteln, wenn sie den Kopf schütteln könnte. *Vergehen? Sie will wissen, was das *Tao* wohl aus mir machen würde, eine Rattenleber oder einen Fliegenfuß?*

Das aber kann niemand wissen, sie nicht und ich nicht. Nur daß es ein Weg ist, scheint gewiß. Weg in einem so weiten Sinn, daß einem zwar die Füße weh tun, aber die Augen das Ende nicht absehen und es dem Anfang nicht ansehen, nämlich daß er ein Anfang ist.

Der Garten dreht sich von Haus aus im Kreis. Und unsereins schiebt mit allen Kräften an, damit die Pracht in Schwung kommt, füttert bei und füttert nach, auf daß sie sich auch verläßlich wiederhole. Es ist nicht das Gleiche, das immer wieder kommt, aber die Bewegung des Wiederkommens gehört zum Weg. Gehen bis zum Vergehen. Es ist die Bewegung, die sich gleich bleibt.

Ich bücke mich, um der zwergwüchsigen *Iris mellita* ins vanillefarbene, zartlila grundierte, bräunlich gezeichnete Iris-Angesicht zu sehen. Wenn sie dann in ein paar Tagen verblüht sein wird, bücke ich mich, um den verwelkten Iris-Kopf abzuknipsen. Sie braucht ihren Samen nicht unbedingt, um sich zu vermehren. Es genügt, wenn ich ihr Rhizom teile, das ohnehin immer weiter ausgreift. In diesem Jahr oder im nächsten, je nachdem.

Je nach was? Die *Krötenkönigin* scheint neuerdings an Gesprächen geradezu interessiert. Und alterdings? Nichts würde mich mehr verwundern, als in ihr immer schon eine Gesprächspartnerin gehabt zu haben.

Tao, Tao …, schnappt sie in die Luft – keiner kann sich den Vorgaben seiner Art ganz entziehen –, *du hörst zu schnell. Da kannst du kaum verstehen, was ich zu sage.*

Ich höre nicht nur, ich denke auch schneller. Wo sagt sie zu? Wozu sagt sie was? Zu wem sagt sie es?

Zu, zu, zu … zum Beispiel, jetzt stottert sie auch noch, *dieser Storchschnabel zu meinen Füßen ist ein ganzer Teich an Taktlosigkeit.*

Ich überlege länger, als ich zum Denken brauche. Das ist es also. Ich werde rot wie das Fingerkraut zwischen den Terrassensteinen. Ich habe

Hohe Bartiris
›Louvois‹

tatsächlich zu schnell gedacht, als ich den Storchschnabel zu ihren Füßen pflanzte.

»Die Dinge«, sage ich, »sind nicht immer, was sie heißen. Dieser Storchschnabel ist nicht der Schnabel eines Storchs.«

Aber sie erinnern einen an das, was sie heißen.

»Entschuldige meine Unachtsamkeit, es ist mir einfach passiert.«

Und was heißt Dinge? Sie scheint richtig in Fahrt zu kommen. *Wo man von Wesen sprechen muß.*

Ich hätte nicht gedacht, daß ihr der Unterschied so wichtig ist, wo sie doch näher an den Dingen ist als die meisten von uns. Und das ist es, was sie wieder in Stummheit zurückfallen läßt – sie hat eine Gestalt und kein Bewußtsein.

Mein Kopf ist voll vom Geflüster und Rumoren in den Winterquartieren. Noch sind die Eisheiligen, die hierzulande Eismänner heißen (trotz Sophie) nicht vorüber, aber es ist warm, und so glaubt niemand mehr an sie. Der Garten ist erst dann vollkommen, wenn auch sie in ihm Luft schöpfen, die nicht Winterharten und die hinter Glas Vorgezogenen, die bereits ihre Töpfchen sprengen.

»Geduld, Geduld …«, bedeute ich, »der Sommer dauert noch lange genug!« Aber wer will mir glauben? Im letzten Jahr hat es Mitte November zugeschneit. Ich sehe mich also genötigt, auf das Rumoren zu reagieren. Wer hat wohl die bessere Voraussicht, sie oder ich?

»Na endlich«, kann ich die Schönmalve seufzen hören, als die Balkonluft ihre lachsroten Hütchen schwenkt. Ich deute auf die Winterschäden: erfrorene Hochstammrosen, im Austrieb erstarrte Hortensien, zermorschendes Edelweiß, das ich im Topf an der Hauswand vergessen hatte. Aber wer hört schon auf mich? Wo doch ›Zephirine Drouhin‹, eine kirschrosa Bourbonrose, bereits im Schutze der Küchenmauer ihr Gerüst hochklettert und jene schwangere Schwertlilie unter dem Dachvorsprung demnächst niederkommen wird.

Sie, die mir als die Blume aller Blumen erschienen war, als ich sie zum ersten Mal in einem botanischen Garten blühen sah. Und ich mein Glück noch nicht fassen kann, sie in meiner Nähe zu haben. Sie, die am Ararat Heimische, vom Züchter aus den USA über Berlin und Wien in den Garten Gereiste. Die nur ein gutes Jahr brauchte, um sich hier einzuleben, eine Knospe zu treiben und einen Fuß auszustrecken, als wolle sie damit andeuten, daß sie möglicherweise bereit sei, einen Horst zu bilden. Sie, die Erhabene, die zu nennen mir

Lust bereitet, denn: *Von alters bis heute/ sind die Namen nicht zu entbehren,/ um zu überschauen alle Dinge.*

Iris elegantissima, versuche ich selbst, der *Krötenkönigin* als Jubelschrei in den Mund zu legen, an jenem Tag im Mai, an dem der cremefarbene Dom, noch fest gewickelt in die braun gemaserten Hängeblätter, die grüne Hülle sprengt und sich über Nacht Blütenblatt für Blütenblatt *entwickelt*. Leuchtend, anziehend, am Grund zart gesprenkelt, mit violettbraunem Bart und dem schokoladedunklen Onco-Fleck darunter, der sie als Angehörige ihrer Kaste ausweist.

Tao, Tao …, mehr ist aus der *Krötenkönigin* nicht herauszulocken, ihr fehlen zu viele Namen, aber ich kann sehen, wie ihr Halsband aus verschiedenen grünen und purpurbraunen Hauswurzarten in der Sonne schwillt und sich der Storchschnabel zu ihren Füßen immer höher aufrichtet.

Die frohe Botschaft hat längst die Runde gemacht, auch wenn niemand etwas dazu sagt. Meine Hochstimmung hat sich wellenförmig ausgebreitet. Ich staune, knie, liege vor der *Erhabenen Schwertlilie*, um ihr unter den Rock zu schauen und das Geheimnis ihrer Form, die mich dermaßen in Erregung versetzt, zu ergründen. Das Geheimnis der Gestalt, der Farbe, der Musterung, der Haltung und des Gesamteindrucks. Da der Anblick nicht lange währen wird, gilt es, sich alles unauslöschlich einzuprägen. Die Wölbung der Hänge-, den Schwung der Domblätter, die dunklen Striche und Punkte auf hellem Grund, die helle Schraffierung und Sprenkelung auf dunklem Grund. Das vornehme Nilgrün der sichelförmig gekrümmten Blätter und des ziemlich kurzen Stengels, kurz im Verhältnis zum Ausmaß der Blüte. Ist am Ende die Gewagtheit der Proportion das Geheimnis der Überwältigung oder ist es die Seltenheit, der Pomp, mit dem sich diese Pflanze für ein paar Tage vollkommen verausgabt? So sehr, daß sie bald darauf einzieht?

Was ist ergründbar, was unergründbar? Und wie unergründbar bleibt selbst das Ergründbare?

Tao, Tao …, weht es aus Richtung *Krötenkönigin* herüber: *Des Geheimnisses noch tieferes Geheimnis/ ist das Tor, durch das alle Wunder hervortreten.*

Nächste Seiten: Prärielilien, dahinter ›Queen of Denmark‹, Storchschnäbel und Taglilien vor ›Gertrude Jekyll‹

Lilys Zustandekommen

»Denn der Garten, eine Ordnung der menschlichen Seele, und
allen anderen ihrer Ordnungen verwandt, ist eine Ordnung der
ganzen Seele und nicht der halben, der tätigen und nicht der
schlaffen, und kennt keinen ästhetischen Frömmler, es sei denn
als den Spazierer, dem er nichts verargt: der Garten will den Gärtner.«

RUDOLF BORCHARDT

Rechnen Sie in jedem Fall mit einer Leiche, denn ich gehe – naturgegeben –
von Mord aus.

Mit dicken Daumen grabe ich Löcher für die Tulpenzwiebeln, ›Dreaming
Maid‹, ›Carnaval de Nice‹, ›Black Parrot‹ … Ich weiß nicht, wer sich die Namen
der verschiedenen Sorten ausdenkt – vielleicht nimmt man Dichter zu Hilfe.

Viel habe ich nicht im Sinn mit den Tulpen. Ich stecke die braunbehäute-
ten, konischen Lebensbehälter in die Erde und denke mir, wenigstens blühen
sie früh. Nach dem langen Winter hellt das Gemüt sich auf, wenn sie in so
deutlichen Farben antreten.

Meine Leidenschaft gilt anderen: alten Rosen, verwegen duftenden Lilien,
einzelnen Iris-Sorten, Fingerhüten. Kaum je einer ganzen Art. Und den vielen
seltenen Unbekannten, mir Unbekannten, die ich aus Büchern kenne. Welch
Glücksgefühl, sie von irgendwoher beschaffen zu können. Oder zumindest
hinter das Geheimnis ihrer Codierung zu kommen, in der Samenhandlung
einer fremden Stadt, auf der Überschußliste des Botanischen Gartens, in
den Katalogen spezialisierter kleiner Versandgärtnereien, die Stauden für
Liebhaber führen.

Sich auf einen Garten einzulassen heißt, die Zukunft in einem Bild vor-
wegzunehmen, das es als solches nie geben wird, und wenn, ist es eines, das
sich ändert, so wie sein Entwurf ein veränderbarer und ständig sich ändern-
der ist.

Daß Pflanzen absterben oder gedeihen, wachsen und welken, sich aus-
breiten sowie verkümmern, hält den Garten in Bewegung. Ich folge dem
Wechsel mit staunendem Blick, tätigen Händen und den heftigsten Gefühlen.

Fingerhüte

Mit heiß aufschießender Freude über jeden unverhofften Geniestreich dessen, was ich für den Geist des Gartens halte. Dazu gehören sämtliche seiner glücklichen Findungen. Der puderfarbene Mohn zum Beispiel, der sich, angezogen von ich weiß nicht was, unbedacht in einem Beet niederläßt und bleibt, während die Nachbargärten ihn mit nichts halten konnten, und ich ihn erst als die Pflanze, die mir gefehlt hat, erkenne, als er mir das zart geknitterte Gesicht zukehrt.

Und dieses sich erneuernde Verlangen, das sich nie erschöpft und dessen gelegentliche Befriedigung es nur noch verstärkt, zugleich vertieft, greift weit ins nächste Jahr, in die nächsten Jahre hinein – manche Pflanzen lassen sich lange Zeit – und gaukelt so eine Zielstrebigkeit vor, wo es kein Ziel gibt, nur viele einzelne Wunschvorstellungen. Dazu noch Ungeduld, Ärger und Empörung angesichts der alltäglichen Ausfälle und Zerstörungen, der befürchteten und der unvorhergesehenen.

Es gibt tausenderlei Arten von Einwirkung, die eine Erfüllung unmöglich machen.

Die Denksportaufgabe in jedem neuen Frühjahr: Wie läßt sich verhindern, daß die Knospen der Rosen gefressen werden? Was rettet mich vor Verzweiflung, wenn der Phlox, der demnächst hätte blühen sollen, wie abrasiert im Beet steht, ohne daß auch nur Trittspuren zu erkennen wären?

Das Jahr, in dem die Hasen den Ginster bis auf den Strunk fraßen … Das Jahr, in dem der junge Blutahorn von einem Rehbock so gründlich geschält wurde, daß er sich nie mehr davon erholen sollte … fortan ein Kümmerer. Vier Jahre später lasse ich ihn bis zur Wurzel abschneiden, hoffend, er würde als Busch wieder austreiben. Aber er will auch als Busch nicht weiterleben.

Wäre ich ein Insekt, man würde meine Vorliebe für bestimmte Farben für eine trickreiche Veranstaltung der Evolution halten. So gerate ich bloß in den Verdacht, dem Spektrum zwischen Azur und Magenta zu verfallen. Ich liebe kandierte Farben, nicht ihrer Süße wegen, sondern weil sie diese Beimischung von Weiß haben, die alles Grelle mildert – Rahm in einer Erdbeersauce.

Kein Zinnober, kein Scharlachrot und kein Ampel-Gelb!

Es ist Mitte September, aber noch ist das Rosa nicht ausgegangen. Das tiefdunkle des gefüllten Oleanders, das über die blaßorangen Beeren des Feuerdorns zur Bonbonfarbe der Fuchsien schwenkt. So waren seinerzeit die kissenförmigen Seidenzuckerln getönt. Ein kühner Dreiklang, der von unterschiedlichem Grün am Verschmelzen gehindert wird.

Duftwicken

Daneben ein rankes Hochstammröschen ›The Fairy‹, die Elfe, das sich noch einmal produziert. Winzige Pompons in einem ausgewaschenen Hellrosa, das mit beinah demselben Ton – nur großerflachig – als Bonica-Rose im Beet fortblüht, während das Rosa der hochaufragenden Schildblume, die auch Schlangenkopf heißt, sich nach Lila hin verflüchtigt.

Von den vier verschiedenfarbenen Phloxen ist der rosafarbene, der sein Weiß unverhohlen aus der Kehle hervorleuchten läßt, der kräftigste und längste Blüher. Nur wer ihm sehr nahe kommt, kann sein Überblühtsein erkennen. Im üblichen Abstand hält er die Form, während seine karminroten, violetten und weißen Geschwister es längst aufgegeben haben, zumindest für dieses Jahr.

Aus den Fugen der Terrassensteine blüht Fingerkraut, altrosa, mit schwarzen Staubgefäßen auf einem ockerfarbenen Venushügel und der Andeutung von tiefem Rot ringsum. Es sieht von weitem wie kaffeebrauner Grund aus, erstaunlich.

Am Ende des Beets ein violetter Sommerflieder, um den noch immer Wolken von Schmetterlingen ziehen. Es gibt keine rosafarbenen Schmetterlinge – oder?

An der Hauswand gegenüber arbeitet eine eben erst verpflanzte Kletterrose an ihrer letzten, überaus nach Äpfeln duftenden Blüte und versucht, über ihren heimlichen Hummer-Ton hinwegzutäuschen. Mit Geschick. Also sprechen wir lieber von ihrem verdeckten Aprikosen-Schimmer.

Fette Hennen

Von der Fensterbank daneben hängen Stiefmütterchen, deren Rosa in Beige und Purpur verkommt, wohingegen sich darunter ein Topf mit Klee in samtenes Tiefgrundrosa bescheidet, und auch das nur, wenn die Sonne scheint, ansonsten macht er gar nicht erst auf.

Wie halten Sie das nur aus, nämlich im Kopf? höre ich Sie fragen.

Das ist nichts gegen das, was schon war. Die ochsenblutfarbenen Malven, die weinrot geäderten Storchenschnäbel, die Königslilien in Weiß und Braun- rosa und all das Blau. Die Iris-Dome mit ihren andersfarbigen Petalen und Setalen, hohe salbeiblaue Geranien, Glockenblumen der behaarten Art und Kugeldisteln, während jetzt nur mehr der Lein mit himmelfarbenen Strahl- sternen durch die Luft zittert, ausschließlich bei vollem Licht. Bloß die lilablauen Halbastern sind noch im Entstehen.

In einem runden Beet kommt ein Terrakottarosa auf, das sich – voll erblüht – noch einmal zu passierten Himbeeren aufhellt, bis es später, nach dem ersten Frost, zur Gänze verbräunt. Jetzt ist es letzte Bienenlust, dieses hohe Sedum, mit dem bourgeoisen Namen ›Herbstfreude‹, das sich um einen verblühten zungenfarbenen Lavendel im Kreis schart, dessen schlappnadelige Blätter sich im Gegensatz zu den nilgrünen der Fetthenne in einem sonnen- trockenen Grauton ergehen.

Wie hältst du das nur aus? Ich zu mir. Immerhin bringe ich es fertig, die Paradeiserstaude, die inmitten all der harmonisierten Farben ihr Ziegelrot trägt, zu übersehen, obwohl ich immer weiß, daß sie da ist, beruhigend und geschmackverheißend. Ich habe sie von ihrer alten Wand genommen und hierherge-stellt. Jetzt schaut sie nach Süden, und ihre Früchte reifen. Würde ich sie als Blume sehen, käme sie zu nahe an den Feuerdorn und seine tomatenfarbenen Beeren, jawohl, tomatenfarben. Soviel Gelb im Rot wäre ein Schrecken, den nicht einmal die weißen Sterne der *Gaura lindheimeri*, der benachbarten Prachtkerze, besänftigen könnten. Und so esse ich die Paradeiser zwar, aber ich lasse sie außerhalb meines Konzepts. Eine herbstliche Zufälligkeit – nichts weiter.

Noch habe ich von keinem der Düfte gesprochen. Düfte entziehen sich der Literatur und verblassen in Vergleichen. Wieso verblassen? Nicht eher: verflüchtigen? Sich verdünnen wäre das Treffendste, aber trifft es wirklich?

Eine Rose riecht wie? Schreibende Gärtner behelfen sich mit Pflaumen, Zimt, Moschus. Hilflose Näherungen.

Ich hatte eine Liebesgeschichte mit ›Conrad Ferdinand Meyer‹, als ich von alten Rosen nicht mehr wußte, als daß sie Rüschen tragen und gut riechen sollten. In einem Garten-Center entdeckte ich drei übriggebliebene, brutal eingekürzte Büsche in schwarzen Plastikeimern. Und befolgte den Rat des Verkäufers – leider –, der von einem halben Meter Abstand sprach. Ein, besser noch, eineinhalb Meter wären angebracht gewesen.

Schon im Jahr darauf wagte ich es nicht mehr, die Siamesen zu trennen. All die Albträume von verletzten Wurzeln und wie sehr Rosen es haßten, versetzt zu werden. Die Drillinge blühten alle zugleich – und üppig, trotz Rehen, Rost und Rosenkäfern. Nur bei Regen, der sie ohnehin zauste, schnitt ich etwas für mich ab, saß damit da und roch, wie ich früher geraucht hatte. Genauso gierig und mit einer Neigung zur Sucht.

Mittlerweile ist Freundschaft zwischen mir und ›Conrad Ferdinand Meyer‹. Ich versuche mit der Schere auszugleichen, was ich beim Spielraum der Wurzeln versäumt habe. Ließe ich diesen Freundschaftsdienst, wären die drei Büsche längst eine struppige Hecke, ohne ein Dornröschen darin.

»Fülle« dichtete ihr Namenslasser: »Genug ist nicht genug! Mit vollen Zügen/ Schlürft Dichtergeist am Borne des Genusses,/ Das Herz, auch es bedarf des Über-flusses,/ Genug kann nie und nimmermehr genügen!«

Es gibt in meinem Leben unter den Rosen auch Damaszenerinnen und dänische Königinnen, Rotes aus persischem Geblüt und Weißes aus Frankreich. ›Gertrude Jekyll‹, nach der berühmtesten englischen Gartenfee benannt, blüht rosa – wie sonst? – und vielfach gefältelt.

Duft – darauf falle ich am schnellsten herein. Sie duften alle, diese Engländerinnen, wenn auch keine wie ›Conrad Ferdinand Meyer‹, die gar nicht elegante, plump gestelzte, die immer hoch hinaus will, in stocksteifer Haltung und dornenbewehrt.

»I never saw such fat roses«, rief die Frau des amerikanischen Freundes, und anstatt vor ›Queen of Denmark‹ in die Knie zu gehen, stupste sie eine der gefüllten Seidenpapierblüten, als wolle sie prüfen, ob sie echt seien. Die Empörung ließ mich tiefer atmen, und das zarte Aroma verteilte sich auf den Schleimhäuten. Ich genoß und sagte nichts.

Wieso Garten? Wieso dieser Garten? frage ich mich scheinheilig in Zeiten breitwürfigen Mißlingens. Nicht nur mir, auch den Pflanzen glückt nicht immer, wozu sie willens. Viehfraß, Wetterkatastrophen und Unglücksfälle greifen schicksalhaft ein.

Als wüßte ich es nicht. Als hätten nicht auch schon andere auf ähnlich pathetische Weise diesen Seinsgrund zu ertüfteln versucht. Rudolf Borchardt, Altphilologe, in Italien lebend, behauptete dazu: »Die Leidenschaft, an der das Bild eines Gartens sich in der Phantasie entbindet, um sich die Wirklichkeit zu unterwerfen, entstammt nicht der Übersättigung mit Träumerei, sondern der Übersättigung mit Zufügen und Erleiden, der ungetäuschten Einsicht in die Wirklichkeit der Welt des Bösen, dem Atemholen im Drama des Kampfes mit dieser Welt.«

Wohl wahr, aber ohne die Eröffnung des Möglichen erschöpft der phantasierte Garten sich in der Hortung wuchernder Zimmerpflanzen, die bald an die Decke stoßen, an der Heizung zugrundegehen oder den Malern und Anstreichern zum Opfer fallen. Die Wirklichkeit der Welt des Bösen ist unter vielem anderen auch, keinen Raum für einen Garten zu haben. Anders gesagt, die bloße Möglichkeit, einen Garten anzulegen, hat mich die Wirklichkeit der Welt gelehrt, im Guten wie im Bösen. Davor waren lange Jahre des Träumens.

»Wir sind«, noch so eine Behauptung des leidenschaftlichen Gärtners, »über den Heimatgarten der Menschheit genügend unterrichtet, um eine Vorstellung von seiner technischen Struktur zu haben.«

Sind wir das? Oder ist es wieder nur die männliche Vermutung einer männlichen Primärgestalt?

»Es war, wie alles urälteste Menschliche, eine ganz symmetrische, genauer gesagt, eine geometrische.«

Vorhergehende
Seiten:
Königslilien

Ich bin vom Haus ausgegangen und lasse den Garten sich drumherumlegen wie ein wärmendes Tuch. Nicht immer regelmäßig, was die teilweise Abschüssigkeit des Geländes auch gar nicht zuließe. Planen ist eine Sache des Blicks: wo noch etwas Platz hat und wo nicht. Zögernd, aber umso nachhaltiger ins freie Gelände ausgreifen, das noch Landschaft ist. Ich brauche Schutz. Schutz gegen Lärm, Schutz vor sich bewegenden Bildern, die mich auch noch stören, wenn ich sie nur aus den Augenwinkeln wahrnehme. Und ich möchte mich nicht beschränken, was die Pflanzen angeht.

Meine vielen Affairen … wie man sich im alten Japan in die Handschrift einer Dame und auf diesem Wege in sie selbst verliebte, ohne sie je gesehen zu haben, so verfalle ich Pflanzen aufgrund ihrer Beschreibung, aufgrund ihres Abbilds.

»Der Juli ist der Monat, in dem die Königslilien die Luft mit einem Geruch erfüllen« (schon wieder Lilien), »der so köstlich ist, daß ich mehrmals am Tag zu ihnen hingehen muß«, so Margery Fish, eine der gartenweit bekannten englischen Pflanzerinnen. Und Vita Sackville-West, die Romanschreiberin, gibt es unumwunden zu: »Viele Menschen haben Schwierigkeiten mit Lilien. Mir ergeht es nicht anders. Ich versuche. Es mißlingt. Ich verzweifle. Dann versuche ich's von neuem.«

Das läßt mich nur mehr an Lilien denken. Nicht an die leicht gelingenden, die einem jemand zum Geburtstag schenkt, im Topf, und die man dann aussetzt. Das war's, Freunde. Ich denke an Türkenbund, Königslilien, Madonnenlilien, japanische Prachtlilien undsoweiter undsofort.

Ich tat, was in den Büchern stand, einmal so und einmal anders. Kratzte Schotter von den Straßenrändern, zerschnitt einige meiner Farne, mischte Sand und Erde und sprach mit Engelszungen. Beim Türkenbund dauerte es ganze drei Jahre. Den ersten schenkte mir eine Nachbarin unter düsteren Andeutungen eines vorangegangenen Waldfrevels. Der verblühte Stengel zeigte mir einen Herbst lang seinen Standort an. Im nächsten Jahr kam er wieder, dünn und anämisch, bis die Lilienhähnchen ihn zur Gänze fraßen. Und verkam dann in meinem unwirtlichen Schattenbeet.

Kleinmütig geworden, kaufte ich Zwiebeln, steckte sie tief ins Beet, in die Nachbarschaft von Stachelbeersträuchern und Akeleien. Im nächsten Jahr geschah nichts. Nicht einmal eine Triebspitze. Ich verdächtigte Wühlmäuse, Schimmelpilze, spontane Antipathie als Ursache. Im Jahr darauf stach dieser Türkenbund alles an Prächtigkeit aus. Seine mehrstöckigen Palmwedel

drängten zu dritt aus der Erde, einer davon blühte mir bis zum Hals herauf, ich blickte einer lilienhaften Zukunft entgegen.

Die drei Königslilien im südseitigen Beet haben sich ebenfalls eingewöhnt, auch wenn ich sie mir üppiger wünschte. Aber Anbetung entzündet sich schon an bloßer Gegenwart.

Drei Madonnenlilien geruhten bloß, schlappe Büschel aus der Erde zu recken, die den Sommer über darbten und dann braun wurden. Zwei Jahre lang. Bis ich sie ausgrub und in einen blauen chinesischen Topf setzte. Sie lieben ihn und wachsen in altarmäßige Höhen.

Der alte Gartenphilosoph erklärt, daß nur die Königslilie das Beet verträgt, alle anderen würden nur im dichten Gras über das erste Jahr hinaus blühen. Ich stecke also drei Knollen in die Wiese. Es scheint etwas dran zu sein. Im nächsten Jahr kommen sie wieder, und die Rehe fressen sie.

Rosen und Lilien … eine alte Geschichte. Ich gönne einer kräftigen weißen Rugosarose mit frischgrünem Laub eine Reihe von Versandhauslilien der unteren Preisklasse. Eine habe ich beim Stützen der Rosentriebe geköpft, eine andere wurde von Käfern zernagt, die dritte wirkte einfach zu künstlich neben der strotzenden Rose.

Ich nahm die Knollen allesamt aus der Erde, wusch sie, briet sie in Butter und aß sie auf.

Gleich darauf befiel mich erstmals das Lily-Gefühl. Lily würde auch noch die Blüten gegessen haben. Ein Hauch von Pilzen hinterläßt seine Spur, kaum wahrnehmbar, aber da – und dazu noch etwas viel Anrüchigeres. Von da an versuche ich das Haus als Lilys Haus zu sehen, als Haus, in dem Lily einmal gewohnt hat, das heißt wohnen wird. Mir vorzustellen, wie der Lily-Körper sich in dem Lily-Haus bewegt … Schneller als ich? Schlampiger? Auf jeden Fall jünger. Ein jüngerer Körper, ein viel jüngerer. Lily ist rothaarig, fällt mir gerade ein. Unverwüstliches, naturgekraustes, hellrotes Haar zu sehr dunklen Augen. Und natürlich sommersprossig. Leichtknochig, mit schmalen Gelenken, jedoch trainiert. Gewöhnt, sich zu bewegen, Dinge zu schleppen, gelegentlich einen schweren Eimer zu heben, ein Reserverad zu montieren.

Lily ist der Grundstein. Ich habe eine lange Geschichte mit Lily: mein Nachdenken über sie.

Ich sehe Lily die Treppe herunterkommen, mit flachen Schuhen, die Zehen leicht nach innen gerichtet. Nur eine Spur, muß gar nicht jedem auffallen. Mit einer charakteristischen Bewegung. Natürlich hat sie eine charakteristische

Wurmfarn vor
Heckenrosen

Bewegung, mehrere sogar. Sie packt mit der Rechten ihr linkes Handgelenk, schwenkt es und läßt es wieder fallen, als gäbe sie sich einen Stoß. Dann bleibt sie einen Augenblick stehen, hakt die Daumen in den Bund ihrer karierten Hose und schiebt die Unterlippe vor.

An einer Sprecherin der Abendnachrichten entdecke ich sie wieder, Lilys kindliche Stirn, an der die kurzen Haare zu eng anliegen. Nur an dieser Stelle, ansonsten verfährt ihre Krause legerer mit dem Raum.

Ich würde sie gerne nackt sehen. Die kleinen kurzknospigen Brüste, die sanfte Erhebung mit dem tiefen Krater, die schmalen und ziemlich geraden Hüften. Körper sagen alles über die Seele. Ob sie auch rotes Schamhaar hat?

Lily und der Garten. Darüber ist lange nachzudenken, über ihre Vorliebe für Herzlilien und Gemüse. Wie sie knirschend von der rohen Karotte abbeißt, die beinah die Farbe von ihrem Haar hat. Und der Saft sich beim Kauen im linken Mundwinkel sammelt, von wo sie ihn mehrmals mit dem Daumen nach innen wischt, bevor sie das gefiederte grüne Kraut als Mulch unter eine andere Pflanze legt.

Lily, die dieses Haus und diesen Garten gefunden hat – so viel darf sie von mir haben –, von mir, die ich Lily suche, in den Winkeln dieses Hauses, dieses Gartens. Eine Lily, die jenen Karottenton im Haar trägt, den ich unter den Blumen nur an einer einzigen Taglilie dulde, die sich in meine Sympathie gestohlen hat. Eine Lily, die ich an meinem Herd hantieren sehe, mit nassen Fingern, die im Mehl klumpende Spuren hinterlassen.

Eben jene Lily, die einen Mord begehen wird, einen Mord, der ihr Leben und meine Geschichte mit ihr verändert. Schon rieche ich den Moder eines verwesenden Körpers unter dem Hügelbeet. Deswegen also der Garten, sage ich mir, meine tiefsten Beweggründe wiedererkennend. Einen Mord, der mir Lily entfremdet. Oder will ich es bloß so sehen? Seit Jahren weiß ich von diesem Mord, während Lily nur sehr vage Gestalt annimmt. Mir ist klar, wohin die Leiche verschwinden wird, jener Tiermensch – oder ist es ein Menschentier? –, der einen Mord rechtfertigt. Tatsächlich rechtfertigt? Ich weiß es noch nicht so recht.

Ich erwarte von Lily, daß sie mir das Unglaubwürdige glaubhaft erscheinen läßt, mir die Vorgeschichte zuflüstert, damit die Gründe endlich gut sind, aus denen die Leiche sich nachhaltig zersetzt. Seit Jahren fange ich immer wieder damit an. Sobald ich ein Beet umgrabe, erwarte ich verirrte Knöchelchen. Ich kenne die möglichen Arten der Ermordung, die technischen Details der Leichenwegschaffung, das alles sollte hieb- und stichfest recherchiert sein. Die Größe des Verbrechens ist festgelegt, nur Lily hat so lange auf sich warten lassen. Seit sie in Erscheinung getreten ist, lauere ich ihr sogar im Keller auf. Was tut sie da? Weiß ich von alledem? Noch ist sie lilienzüngig, zu wenig gekerbt. Das wird sich ändern. Jetzt, wo ich sie endlich dazu gebracht habe, in Erscheinung zu treten.

Daß ich von einem Mord ausgehe, hat mit den Pflanzen zu tun. Zu wessen Frommen müßte eine Leiche wohl sonst unter die Erde kommen wie zu Urzeiten der heilige König, der für die Ernte verantwortlich gemacht wurde?

Der Gedanke an ein Hügelbeet liegt also nahe. Der Vorteil eines solchen besteht darin, daß die Erde sich besser erwärmt und wegen der lockeren Aufschüttung auch besser durchlüftet, was das Wachstum fördert. Aber eigentlich ist es die Form, die mich an ein Hügelbeet glauben läßt. In der Mitte der tote Körper, der sich langsam zersetzt und mit der Zeit wieder zu Nahrung wird.

Die Vorstellung von Gemüse ist mir zu direkt, *noch* zu direkt. Gras darüber wachsen lassen, die bezauberndsten Gräser. Was wird, was muß dieser Mensch Lily angetan haben? Lily, dem Mädchen, Lily, der jungen Frau, die allein hier lebt. Wieso allein? Lebt sie nicht mit mir? Anstelle meiner jüngeren Tochter, einer Nichte? Eine verwandte Lily, die mich von Tag zu Tag tiefer in ihre Machenschaften zieht?

Ich kann das Lächeln dieses Menschen zwischen den Grashorsten sehen, zwischen seidenweichen Blüten von Hasenschwanzgras. Die Sonne glurt durch die Grannen. Lächeln? Ist es nicht eher ein Grinsen, eine Andeutung seines Vorhabens? Die sich ankündigende Gemeinheit des durchaus lebendigen Menschen, der zwischen all den Gräsern auf der Pirsch liegt?

Gräser über ihn wachsen lassen, einen hochragenden Bauschen von fleischfarben blühendem Lampenputzergras, großzügig über den Hügel verteilt. Dazwischen Eisenkraut und Knöterich in saftigerem Rotviolett, mit weißen Aufhellungen, noch etwas Fette Henne für den Herbst, eventuell Rutenhirse, eine Sorte, die sich besonders stark verfärbt, wie etwa ›Rehbraun‹, ›Rotstrahlbusch‹ oder ›Squaw‹, unterpflanzt mit wilden, herzrot getönten Astern. Oder vergilbendes Gartensandrohr, gemischt mit Schmuckkörbchen in der Farbe gequetschter Brombeeren und weißen klebrigen Spinnenblumen. Am Fuß des Hügels dann ein wenig Blauschwingel und Lavendel, der die darüberstreichende Luft parfümiert.

Die Vorstellung von Morgensternsegge, die tatsächlich Fruchtstände gebiert, die jenem mittelalterlichen Tötungsinstrument ähneln, macht mich stutzig, aber Anspielungen dieser Art sind in ihrer Überdeutlichkeit ohnehin irreführend. Außerdem bevorzugen Morgensternseggen feuchten Boden, wachsen sogar im flachen Wasser, während Hügelbeete viel zu rasch abtrocknen. Also keine Morgensternsegge.

»Wie wär's mit Mähnengerste?« höre ich Lily sagen. »In Mähnengerste fängt sich der Tau, aber auch das Licht.« Es ist das erste Mal, daß ich Lily sprechen höre. Ihre Stimme ist viel heller, als ich sie mir vorgestellt habe, beinah eine Kinderstimme. Woher kennt sie die Mähnengerste?

»Mähnengerste und Phlox, du weißt schon, liebe Rosa, diesen weißgerandeten purpurfarbenen, vielleicht auch noch eine Sorte in Pink. Dazwischen die Mähnengerste, wie ein Schleier ... stelle ich mir schön vor.«

Spricht so eine Mörderin? Lily denkt weder an das, was man ihr getan hat, noch an das, was sie tun wird.

Ich hingegen stelle mir Wimpernperlgras vor, in weißlichen, sich über die gerundete Hügelform neigenden Ähren, blühendes Wimpernperlgras, durchwachsen von duftendem Oregano, dessen hell- und dunkelrosa Blütchen sich wirtelig um den Stengel schmiegen, aber auch Karthäusernelken wachsen, breitwürfig gestreut, durchs sommerliche Bild. Dazu noch die ausdauernd blühende Katzenminze mit ihren blauvioletten Rispen. Blau darf nicht fehlen, Blau schafft Distanz, und die größere Blattmasse der Minze sichert den unteren Saum des Hügels und stützt Karthäusernelken sowie Oregano und Perlgras.

Ob Lily auf einer Katze bestehen wird? Einer Katze als Wesen ihres Vertrauens, als geneigtes Gegenüber in einem nichtmenschlichen Bereich, mit dem sich Zärtlichkeiten tauschen lassen, die beider Unabhängigkeit in keiner Weise beschränken?

Noch während ich das Bild einer Lily-Katze beschwöre, steht plötzlich ein riesiger Hund im Garten, der auch noch wedelt, dessen mächtige schwarze Rute erwartungsvoll hin und her schwingt. Ein monströser Hund, neufundländerartig, der gerade die Vorderpfoten absenkt, sich erwartungsvoll zu strecken beginnt. Und in seinem Blick erscheint Lily.

Warum habe ich es nicht kommen sehen? Lily und dieser Hund. Ihre beiden Körper kontrastieren bis hin zur Ergänzung. Lilys schmale, jedoch kräftige Gestalt und die Massigkeit dieses Hundes, der im Gehen flapsig, geradezu ungeschickt ausgreift. Lilys vorsorgliche Hilfestellung, um dem

Taglilie ›Arriba‹

Hund in den Laderaum des Kastenwagens zu helfen. Ob er Probleme mit den Hüften hat oder seine Gelenke von Haus aus anfällig sind wie bei manchen dieser übergroßen Hunde? Andererseits das tiefe Knurren und das darauffolgende Fletschen des Gebisses, als ein Mann – ich kann ihn nur von hinten sehen und daher nicht sagen, ob es sich um die spätere Leiche handeln wird – mit der Hand nach Lilys Schulter faßt. Um sie zu sich zu drehen oder um seinen Worten Nachdruck zu verleihen?

Rückwirkend erscheint jeder Mord unausweichlich, so als habe die Zeit nur diese eine Schleuse für Opfer und Täter offen gelassen. Da ich von einem Mord ausgehe, wird mir nichts anderes übrigbleiben, als in Lily eine glaubwürdige Begründung, mit einem Wort ein Motiv, freizulegen.

Lily, die sich gewehrt hat. Wieso ist es mir nicht möglich, Lily, die morden wird, anders zu sehen als eine, die sich gewehrt oder zumindest Vergeltung geübt hat? Vergeltung wofür? Daß dieser Mensch sie gedemütigt, gequält, körperlich angegriffen hat?

Das als Vorgeschichte in einer Zeit, in der Lily für mich noch nicht existierte. Aber will ich tatsächlich wissen, in welcher Art von Leben das Todesurteil für jene spätere Leiche herangereift ist?

Geschah es im Affekt? Hat am Ende dieser Mensch sich den riesengroßen Hund, Lilys Vertrauten, den Empfänger ihrer ungenutzten Zärtlichkeit, aus welchem Grund auch immer, vom Hals schaffen wollen und auch geschafft?

Ihn vergiftet, erschossen, womöglich sogar erwürgt, mit bloßen Händen, selbst ein Riese an Kraft und geballter Stärke? Und damit Lilys Trauer und Lilys Zorn auf noch nie dagewesene Weise geweckt und geschürt?

Könnte es sein, daß nicht nur dieser Mensch, sondern auch der sich erwartungsvoll streckende, zu groß gewachsene, schwarzbepelzte Hund im Hügelbeet endet? Opfer und Täter in derselben Erde, nachdem auch der Täter zum Opfer geworden ist?

Mit einem Mal steht Lily vor mir. Ich erschrecke. So nah ist sie mir noch nie gekommen. Und neben ihr dieses Ungetüm von Hund, das sich ausführlich im neu angelegten Beet gewälzt hat, in dem die von verkahlenden Horsten abgestochenen Jungpflanzen anwachsen sollten. Noch kann ich die Spuren von Erde und einzelne längliche Pflanzenabrisse in seinem Fell sehen. Er schüttelt sich, und der Staub punktiert für einen Augenblick das einfallende Licht.

Lily lacht, während ich den Satz, der sich mir auf die Lippen drängen will, verschlucke. Ich kann Hunde gut leiden, vor allem große Hunde, aber dieses Tier ist mir einfach zu groß, ja, zu unförmig geraten. Auch gehört er zu jener Art, die ihr grobschlächtiges Herz an einer einzigen Person festmacht. Und keinen Respekt vor Beeten hat.

Ein Hügelbeet hat den Vorteil, daß kein Hund auf die Idee käme, sich auf ihm zu wälzen oder einen Knochen darin zu vergraben. Gräser, die messerscharfen Blattränder des Chinaschilfs, vor allem von ›Gracillimus‹, würden ihn sogleich eines Besseren belehren, sollte er je mit der Schnauze daran rühren.

Ich hatte unter anderem auch an Federgras gedacht, an die überhängenden Grannen des Reiherfedergrases, dessen flauschige Fruchtstände der Bewegung des geringsten Lufthauchs nachgeben. Ein Gesicht, das inmitten dieses Grases zum Vorschein käme, wirkte wie mit hellem, zittrigem Pinsel übermalt. Kirschroter Bartfaden könnte sich gegen das Verwischende, Verschwimmende behaupten und würde noch eine beeindruckende Fernwirkung erzielen. Denkbar wäre auch braunroter Sonnenhut, der in seiner Standfestigkeit dem Federgras Halt böte.

»Könntest du dich dazu verstehen«, sagt Lily und spricht mich ohne Scheu geradeheraus an, »dein Zimmer mit mir zu teilen?«

Was heißt *verstehen* und welches Zimmer? Mein Schlaf- oder mein Arbeitszimmer? Das geht nicht, das kann ich nicht, das habe ich noch nie getan. Bisher bin ich Lily im Keller begegnet, vielleicht noch in der Küche oder hier im Kamin-Zimmer, wo der monströse schwarze Hund sich gerade die Flöhe aus dem Fell beißt.

Was meint Lily, wenn sie von *teilen* spricht? Eigentlich habe ich noch nie darüber nachgedacht, wo Lily schläft. Ich könnte es noch verstehen, wenn sie auf das Gästezimmer Wert legte. Eine kuschelig eingerichtete kleine Klause mit allem, was man so braucht. Aber warum, um alles in der Welt, will sie mein Zimmer mit mir teilen? Versucht sie, mich nach und nach hinauszudrängen? Aus meinem Schlafzimmer, meinem Arbeitszimmer, womöglich aus dem ganzen Haus? Ist das ihre Art, immer nachhaltiger in Erscheinung zu treten?

Ich kann mich unmöglich auf eine Debatte darüber einlassen. Mein Schlaf- und mein Arbeitszimmer sind mir heilig. Allein die Vorstellung, jemand anderer könne darin auf und ab gehen, walten, wie es ihm beliebt, treibt mir die Gänsehaut auf. Mein Gott, und warum muß sie dieses Monster ins Haus bringen? Diese Räume sind nicht gemacht für Tiere, die so viel Platz brauchen.

Lily nimmt den Hund am Halsband und zerrt ihn vor den Kamin. »Leg dich da hin!« befiehlt sie ohne Nachdruck und fügt fast tonlos hinzu: »Rosa kann dich nicht leiden. Mach schon Platz!«

Ich habe nie gesagt, daß ich diesen Hund nicht hier haben will, aber Hunde dieses Ausmaßes sind für draußen gedacht. Soll sie ihm eine Hütte zimmern lassen, von mir aus. Da kann er dann das Haus bewachen, aber er soll seine Haare nicht in den Teppich reiben.

»Bewachen?« kreischt Lily – ja, es ist ein Kreischen, das Kreischen einer empörten Kinderstimme. »Das Haus? Er bewacht mich, einzig und allein mich.«

Was ist es, was ich da aus Lilys Stimme heraushöre, ein Vorwurf, Besorgnis, Furcht? Oder ist es bloß die angenommene Phase einer angenommenen Abnabelung?

Ich werde Lily das kleine Gästezimmer anbieten, wenn sie schon unbedingt oben schlafen möchte. Dagegen ist im Grunde nichts zu sagen. Auch nicht dagegen, daß sie meinen Kastenwagen immer öfter aus der Garage holt. Der Kastenwagen paßt zu ihr und dem Hund.

Es beunruhigt mich keineswegs, wenn Lily länger fortbleibt. Im Gegenteil. Ich bin geradezu erleichtert. Nimmt sie doch auch den Hund auf ihre Streifzüge mit. Doch gefällt es mir immer weniger, wenn sie im Garten umgräbt und Dinge anderswo hinsetzt, die seit langem ihren Platz haben.

Akelei

»Die Horste des Stachelschweingrases müssen alle paar Jahre geteilt werden, wußtest du das nicht, Rosa?« Es ist diese Art, wie sie die Dinge an sich zu reißen beginnt, die aus dem Wunder Lily Lily den Albtraum macht.

Das verleidet mir die Gräser vollends. Warum auch sollten es unbedingt Gräser sein, die über die Leiche wachsen? Eine viel zu offenkundige Tarnung. Gras wird in jedem Fall drüber wachsen, Unkrautgras, nicht jene zierlichen, sich wiegenden, wippenden, raschelnden, zischelnden Halme mit ihren schimmernden, perlenden, gelegentlich aufflackernden Borsten, Ähren, Rispen und Mähnen, denen der Boden, in dem Menschliches, womöglich auch noch Tierisches verwest, ohnehin viel zu fett wäre, zuckt es mir durch den Kopf.

Wie konnte ich nur im Zusammenhang mit so viel organischem Dünger – jawohl, so gesehen ist Verwesendes Dünger – überhaupt an Gräser denken? Die meisten ihrer Art lieben kalkhältige, schottrige, sanduntermischte, steppige, steinige, mit einem Wort ausgemagerte Böden, ja, sie brauchen sie geradezu, um aufrecht zu stehen, nicht zu knicken oder sich vor jedem Hauch bis zur Erde zu neigen und auseinanderzufallen. Allein die Vorstellung, sie in gestocktem Blut, in zerfasernden Muskeln und sich zersetzendem Fettgewebe wurzeln zu lassen, bringt mich dazu, mich heimlich bei den Gräsern zu entschuldigen.

Ich gehe auf die Terrasse hinaus und betrachte den Garten, Quadratmeter für Quadratmeter. Wer sagt denn, daß das Hügelbeet nur in der prallen Sonne errichtet werden kann? Warum nicht im lichten Schatten? Eine Schattenpflanzung kann von außergewöhnlichem Reiz sein. Es ist einfach nicht wahr, daß bezaubernde Gewächse nur in der Sonne gedeihen.

Denken Sie an das herzerfrischende Dreiblatt, das seine spitz zulaufenden weißen oder braunroten Blütenblätter aus einer grünen Halskrause reckt. Oder an Prachtspieren in sattem Magenta. An gefüllte Akeleien in Frühlingsfarben, die anstatt der Gräser im Luftzug wippen. Und natürlich an Herzlilien, Lilys Lieblingslilien, die in Wahrheit gar keine Lilien sind, so wie auch Lily in Wahrheit keine Lily ist, sondern eine wiedergeborene Lilith. Herzlilien, aus deren weißgeränderten, gelbgestriften, blau kannelierten, herzförmigen Blättern Blütenstengel hochfahren, in diesem ausgewaschenen Violett, wie es manchmal von Lilys Schläfenadern durch Lilys Haut schimmert.

Wieder steht Lily vor mir oder eher hinter mir? Seitlich? Sie ist ständig auf eine beinah beängstigende Weise um mich, trotz der vielen Ausfahrten mit dem Kastenwagen. Und das Monster von Hund versucht sogar, meine Knie-kehlen zu lecken. Lilys Gegenwart wird immer durchdringender, mit einer solchen Nähe habe ich ganz und gar nicht gerechnet.

»Denkst du an Farne, Rosa?« Ich zucke zusammen. Natürlich denke ich an Farne. Aber sie? Weshalb denkt sie an Farne? Weiß sie denn, wozu sie oder ich imstande sein werden? Schließlich gehe ich noch immer von Mord aus. Einem Mord, den Lily begehen wird, selbst wenn … Ohne Mord keine Lily. Durch den Mord verläßt Lily das schwebende Reich der Fabel. Ich konnte ja nicht ahnen, daß ich sie so wenig mögen würde.

Was weiß sie schon von Farnen. Ich schiebe die Schnauze des Hundes von mir weg. Da beginnt er, auch noch mit der Zunge an meinen Händen zu schlabbern.

»Im Schatten verrottet der Inhalt eines Hügelbeets rascher«, sagt Lily und kein Wort über den Menschen, der im Hügelbeet bleichen soll, über die spätere Leiche, die ihr zu Lebzeiten das Atmen schwer gemacht, sie in Abhängigkeit gehalten, bevormundet, ausgenutzt und unterdrückt hat. Der ihre Entfaltung eingeschränkt und ihr tiefen Schmerz zugefügt haben muß. So tiefen Schmerz, daß sie beschlossen hat, sich von ihm zu befreien. So endgültig zu befreien, daß sein Leib sich in Erde verwandeln muß.

In Wirklichkeit sind mir die Farne am liebsten. Die filigran gezackten und gerippten Wedel in verschiedener Anordnung, einmal eingerollt wie zimtbraune Bischofsstäbe, dann wieder verästelt auf hohen Stielen stehend und sich waagrecht breitend. Ich denke dabei an den zartgliedrigen Adlerfarn, an

den vom Boden her sich ausrollenden, kräftigen Wurmfarn, an die Blattzacken des riesigen Frauenfarns, ja, natürlich, des Frauenfarns – wer sagt denn, daß die Leiche im Hügelbeet die eines Mannes sein muß?

Dazwischen kleinere Arten wie der Krause Pfauenradfarn, die ansprechende Hirschzunge, Tüpfelfarn, Engelsüß, Flaumfederfarn und selbstverständlich darf Frauenhaarfarn nicht fehlen. Was wäre eine Farnlandschaft ohne den schwarzstieligen Venushaarfarn mit seinem kakaofarbenen Austrieb, der später zu grünen Wedeln aufgeht.

Ich sehe die strenggemusterte Farndecke sich langsam über dem Hügelbeet schließen, ein paar schattenverträgliche Sommerblüher, aber auch Herbstanemonen in pastellenen Farben in sich bergend, deren Blütenköpfe wie Schmetterlinge über dem dichten Grün gaukeln. Es ist, als könnte ich sie schmatzen hören, schmatzen und sich mästen am Nahrhaften, das ihnen ein menschlicher Körper bereitet.

Der Hund stapft nicht nur durch das Malvenbeet, in dem die Glatt- und Rauhblattastern sich gerade zu ihrer vollen Größe aufrichten und ihre tiefen Lila-, Violett-, Bronze- und Purpurfarben durchs Malvenrosa sickern lassen, er hopst auch noch darin herum. Schnappt mit blödem Blick nach dem letzten Admiral, der sich – erschreckt vom hochschlappenden Speichelfläz des ungeschlachten Tiers – in Richtung Sommerflieder hochjagen läßt. Lily schaut dem Hund kichernd zu, klatscht sogar in die Hände vor durchtriebener guter Laune.

Ich wage kaum hinzusehen. Die Spuren, die das Monster im Beet hinterlassen hat, nehmen den winterlichen Kahlschlag durch Frost, Eis und Schnee vorweg. Plattgetrampelte Storchenschnäbel, gestauchte Eisenhüte in Weiß und Blau, geknickte Elfenbeindisteln, geköpfte Chrysanthemen …

Der Hund war keine gute Idee. Lilys Gefühle, wenn sie überhaupt welche hat, kümmern mich nicht mehr, dieser Hund muß weg.

Nur die Krötenlilien mit ihren getüpfelten kleinen Fiederturbanen in Mauve haben das Getrampel aufrecht überlebt, obwohl sie in diesem Beet viel zu sonnig stehen. Ich werde sie zwischen die Farne setzen. Vielleicht tun ihnen die verrottenden Hundehaare gut, anstelle von Hornspänen.

Seit Tagen geht Lily mir aus dem Weg, wie mir scheint, beobachtet sie mich heimlich. Während ich im schattigeren Teil des Gartens Torf mit Kompost zu einem sauren Substrat mische, das nicht nur den Farnen, sondern auch dem Scheinmohn behagen wird, der in jenem verrückten Blau blüht,

Akanthus mit
Elfenbeindisteln
und Präriemalven

das so unwahrscheinlich ist wie meine Hoffnung, Lily möge sich wortlos verflüchtigen, sich zurückziehen in Bereiche, die sich meiner Vorstellung entziehen.

Ich bin es leid, meine Geschichte mit Lily so zu leben, als wäre alles in bester Ordnung. Nichts ist in Ordnung. Sie kann nichts von dem einlösen, was ich mir von ihr versprochen habe. Abgesehen davon, daß sie keine Ahnung vom Garten hat. Ertränkt die Pflanzen, wenn sie gießt, oder gießt nicht, wenn die Pflanzen es nötig hätten. Jätet Sämlinge anstelle von Unkraut. Aber darum geht es schon längst nicht mehr. Etwas an ihr ist nicht sortenecht aufgegangen. Obwohl sie nachts immer später zurückkommt und damit diesen Menschen geradezu anlockt, läßt der sich Zeit und ist überhaupt nicht mehr wahrzunehmen. So als sei er bereits eine Leiche, doch wo wäre dann sein Grab?

Der Mord hätte längst stattfinden müssen. Ich glaube an das Hügelbeet und damit an ein Ende von Lilys Allgegenwärtigkeit. Was aber, wenn sie noch weiter überhandnimmt?

Bedächtig lasse ich die Finger über den leicht gefiederten, frischgrünen Frauenhaarfarn gleiten. Die Berührung erinnert an etwas Flüchtiges und auf seine Weise dennoch Kompaktes. In den Blattachseln scheint mir mit einem Mal eins von Lilys roten Haaren aufzuleuchten. Mein Gott, sage ich mir, so vage ist meine Idee von Lily bereits geworden? Um ein Haar vergangen? Und das Hügelbeet? Wer sollte nun eigentlich darin liegen, sie oder ich?

Rechte Seite:
Funkien mit
weißen Pfingst-
rosen und weißem
Tränenden Herz

Nächste Seiten:
Alter Apfelbaum
mit Loser

Inhalt

ISBN 3-351-02971-3

1. Auflage 2003
© Aufbau-Verlag GmbH, Berlin 2003
Gesamtgestaltung Therese Schneider
Litho LVD Gesellschaft für Datenverarbeitung mbH
Druck und Binden EGEDSA S. A., Barcelona
Printed in Spain

www.aufbau-verlag.de